이제 막 교사가 되었습니다

일러두기

이 책에서는 교사들이 관습적으로 사용하는 표현의 일부를 일반적인 교정 원칙에
따르지 않고 살렸음을 밝힙니다.

이제 막 교사가 되었습니다

지은이 오소정 · 김연수 · 윤효성
펴낸이 임상진
펴낸곳 (주)넥서스

초판 1쇄 발행 2023년 1월 3일
초판 5쇄 발행 2025년 2월 28일

출판신고 1992년 4월 3일 제311-2002-2호
주소 10880 경기도 파주시 지목로 5 (신촌동)
전화 (02)330-5500 팩스 (02)330-5555

ISBN 979-11-6683-447-9 13370

저자와 출판사의 허락 없이 내용의 일부를
인용하거나 발췌하는 것을 금합니다.

가격은 뒤표지에 있습니다.
잘못 만들어진 책은 구입처에서 바꾸어 드립니다.

www.nexusbook.com

이제 막 교사가 되었습니다

새내기 중·고등학교 교사
교직 실무 가이드

오소정 · 김연수 · 윤효성 지음

넥서스BOOKS

× 추천사 ×

    2016년 신규교사 임용 연수에서 이 책의 저자 중 한 사람인 오소정 선생님을 처음 만났습니다. 오 선생님은 좀 긴장한 것 같았지만, 한편으로 기대가 가득 찬 얼굴이었습니다. 저와 오 선생님은 같은 학년 담임을 맡고, 같은 교무실에서 새해를 시작했습니다.
    책이나 선배 교사들을 통해 임용시험에 대비하는 법을 배울 수는 있어도, 어떻게 담임을 맡고 어떻게 학교에 적응해야 하는지 배우기는 어렵습니다. 그런 까닭에 신규교사 생활은 쉽지 않습니다. 오 선생님 역시 아이들을 돕기 위해 쉬지 않고 동분서주하는데도 문제는 쉽게 해결되지 않고, 오히려 아이들은 반발하고 학부모는 이해하지 못하는 상황이 반복되면서 많이 힘들었을 겁니다.
    그렇게 위태위태해 보이던 오 선생님을 지켜보며 안타까운 마음에 오 선생님을 비롯한 저경력 교사들과 함께 학급담임 공동체를 만들었습니다. 이 모임에서 학급담임의 철학 및 마음가짐, 학급담임으로서 준비할 것, 각종 교직 사례와 노하우를 아낌없이 나눴습니다. 이 모임을 통해 많은 교사가 나 혼자만 힘든 게 아니었고 다른 교사들도 힘든 시간을 버텨왔다는 것, 그리고 이제 다른 교사에게 이해받고 공감받고 있다는 걸 깨닫자 엄청나게 성장하기 시작했습니다.
    사실 교사 집단에는 뛰어난 역량을 지닌 분이 많습니다. 오래도록 교사를 준비하며 지식을 쌓고, 아이들을 가르치는 것을 고민해 온 분들이기 때문입니다. 이렇게 뛰어난 분들도 학교에 들어와서 적응하고 자기 능력을 발휘할 수 있는 시간을 가지기 어렵습니다. 그런 시간 없이 행정 업무와 수업 및 학급 운영을 마주하니 시행착오를 겪을 수밖에 없는 것이죠.

　이런 힘든 때에 교사로서 자기를 받아주고, 성장할 수 있도록 돕는 교육 공동체를 찾는 게 중요합니다. 교육 공동체 안에서 함께 치열하게 고민하고 생각을 나누며, 학교에 적응하고 성장할 수 있기 때문입니다. 이 책은 신규교사 및 예비교사에게 마치 학급공동체와 같은 역할을 할 것입니다. 선배 교사들이 아낌없이 정리한 교직 노하우를 보며 나도 할 수 있다고 생각하게 될 것입니다. 지금 교직을 시작하는 마음을 잃지 않길 진심으로 응원합니다. 이 책에 담긴 각종 사례와 팁이 교직의 길에 자양분이 되길 희망합니다.

손지선
《온·오프를 아우르는 학급경영 B to Z》 저자

프롤로그

학교 현장은 바삐 돌아갑니다. 신규교사(및 저경력 교사)가 학교에서 선배 교사에게 업무에 관해 일일이 질문하며 문제를 해결하기는 쉽지 않습니다. 교사 업무와 학교생활에 모두 익숙하지 않은 채로 전전긍긍 힘들어하는 상황에 놓이기 마련이죠. 궁여지책으로 신규교사끼리 단체 채팅방을 만들어 서로 질문하고 답해보거나, 온라인 카페 및 블로그를 들락거리며 파편화된 정보를 찾기도 하고, 교육 관련 책을 참고하기도 합니다. 그런데 시중에 나와 있는 교육 관련 도서는 학급 운영 및 생활지도와 관련된 내용을 다루는 데 그치고 있습니다. 초등교사 대상의 책이 대부분이고, 특정 교과 수업 방법이나 학생의 돌발 행동에 대한 대처 및 예방법 등 특정 분야에 대한 이야기를 한정적으로 다루고 있습니다. 실무보다는 이론·지식 위주라는 점도 아쉽습니다. 학교 현장에서 필요한 전반적인 내용을 세밀하게 다루는 책이 부재한 상황입니다.

이 책은 이런 상황에서 다음과 같은 필요와 문제점을 해결·해소하고자 시작됐습니다. 먼저 전반적인 교사 업무와 학교생활에 대해 다루었습니다. 예를 들면 학생과 교사가 적절하고 친밀하게 관계 맺는 방법부터, 업무 중 부딪치는 어려움과 이에 대한 해결 방안 등입니다. 무엇보다 중등교사(중·고등학교 교사)를 대상으로 한 내용을 담고 있는 게 이 책의 가장 큰 특징이자 장점입니다. 기존에 출간된 많은 교육 도서가 초등교사 대상인데, 중등교사 대상의 교육서가 필요한 이유는 초등교사와 중등교사의 업무와 학교생활에는 많은 차이가 있기 때문입니다.

초등학생과 중등학생(중·고등학생)의 발달 단계에는 차이가 있습니다. 이러한 차이로 인해 교사에게 요구되는 행동양식이나 업무와 관련된 고민도 달라질 수 있습니다. 초등교사는 초등학생의 발달 단계상 돌봄 차원의 교육 활동을 하게 되며, 사회적 기술, 지식보다 흥미와 놀이 학습 위주로 아이들의 교육에 접근합니다. 반면 중등교사에게는 생활지도 및 상담 업무가 중요한 과업입니다. 청소년기에 해당하는 중등학생에게는 다양한 내외적 갈등이 발생할 수 있기 때문입니다. 청소년기는 사춘기라는 인생의 큰 변곡점을 경험하는 시기입니다. 중등교사는 인공지능도 예측하기 힘들다는 사춘기의 큰 변화를 온몸으로 겪는 학생들과 같이 생활하며 그들의 예상치 못한 행동에 대응하고, 이를 지도해야 합니다.

초등교사와 중등교사의 업무 형태와 방식에도 다른 점이 많습니다. 중등교사는 업무 중 평가 및 생활기록부 작성이 큰 비중을 차지합니다. 중학교 1학년에서는 자유학년제가 확대되는 추세이긴 하지만 중학교에서도 평가의 부담은 여전합니다. 고등학교에서 평가는 입시와 직결되는 중요한 업무입니다. 따라서 초등교사보다 수업 자율성이 상대적으로 낮고, 동학년 교사와 시험 범위와 시험문제, 수업 과정 전반에 대하여 밀접한 관계를 형성해야 합니다. 생활기록부 역시 입시와 관련되는 중요한 공적 기록물로 중등교사의 업무 중 큰 비중을 차지하고, 초등교사의 업무와 차이를 보이는 점입니다(생활기록부 작성은 교사의 중요한 권한이자 학생과 교사를 연결하는 주요한 매개체입니다). 초등교사는 본인 담임 반의 수업 대부분을 직접 진행하기 때문에 수업시간표를 상황에 따라 유연하게 구성할 수 있으나, 중등교사는 특정 교과목을 담당하기 때문에 수업시간표를 다른 교사와 조율해야 하는 점도 차이가 있습니다. 그 때문에 초등교사는 담당 학급 교실에서 주로 생활하지만, 중등교사는 교무실에서 생활하며 동료 교사와 업무 공간을 공유합니다.

이 책에는 이처럼 이제까지의 교사 관련 교육서나 학습서에서는 볼 수 없던 중등교사의 학교생활과 업무에 대한 전반적인 노하우가 담겼습니다. 경력교사 세 사람이 신규교사 시절 꼭 필요했지만, 쉽사리 구하지 못하던 정보와 시간이 지나고 나니 아쉬운 점들을 바탕으로 해당 사례와 해결 방안을 한데 모아 다뤘습니다. '그때 알고 있었더라면 좀 더 잘했을 텐데'라고 생각하는 이야기를 아낌없이 쏟았습니다.

예를 들면 발령 후의 준비 기간에 해야 할 일, 학기 초에 마주할 업무를 순조롭게 처리할 수 있는 방법, 학생상담, 교과 수업과 평가, 학교 및 학급 행사, 생활기록부 기재, 행정 업무를 세심하고 깔끔하게 처리하는 방법 등 학교생활 전반에 대한 내용을 상세히 안내하고자 합니다. 더불어 주변에서 관련 정보를 얻기 어려운 월급, 방학, 전보 등에 대한 것도 부록으로 담았습니다. 교사로서 난관을 해결한 경험과 실패담까지 솔직하게 풀었습니다. 학교의 1년살이 흐름에 맞춰 목차를 구성하여, 학교생활과 맞물려 자연스럽게 책을 참고할 수 있도록 했습니다.

신규교사가 첫발을 내디딜 때 두려움 없이, 현명하고 지혜롭게 내일을 준비할 수 있도록 교직에 먼저 발 들여 산전수전을 다 겪은 선배 교사의 실패담과 성공담을 솔직히 담았습니다. 마치 멘토교사가 신규교사 옆에서 차근차근 알려주듯이 교직 길라잡이로, 지침서로 유용하게 쓰이길 바랍니다. 새로운 직업과 직무를 접한 모든 신규교사가 이 책에 담긴 노하우를 바탕으로 긍정적이고 효율적으로 교직 생활을 해내길 진심으로 응원합니다.

차례

004   추천사
006   프롤로그 | 슬기로운 중등교사

1장 새내기 교사에게는 어떤 준비가 필요할까?

019   **1. 발령 후 준비 기간 알차게 보내기**
학급 운영 철학과 원칙 생각해보기 | 아이들 친구 관계와 갈등 상황 이해 | 우리 반 학생 이름 외우기 | 학사일정과 학교 생활규칙 파악 | 1년 수업 미리 준비하기 | 학급 환경 준비로 아이들 맞이하기

033   **[많은 신규교사가 질문했어요]** Q. 학생 및 학부모와 연락 방법? | Q. 잘 모르는 질문 대처법?

035   **2. 미리 알고 준비하면 좋은 것**
물품 준비해두기 | 첫 인사 자료 준비하기 | 교사 간에 좋은 관계 유지하기 | 어쩌다 내 업무, 어쩌다 내 수업

2장 학기 초에는 무엇을 할까?

052   **1. 업무 익숙해지기**
학교 공간과 환경 파악하기

057   **2. 담임 업무 익숙해지기**
학급 기초 세우기 | 조회와 종례 | 아이들과 친분 쌓기 | 학부모와 관계 형성하기 | 학급 준비 및 운영하기

073   **3. 교과 및 담당 업무 익숙해지기**
무엇보다 수업 | 학습 준비물 품의 | 복무 신청 | 나이스와 업무관리시스템

096   **[알쓸JOB]** 교사의 급여는 얼마일까?

3장 수업은 어떻게 해야 할까?

106 **1. 첫 수업 준비와 방법**
첫 만남과 첫 수업 | 수업 진행은 이렇게

121 **2. 다양한 수업 모습**
자유학년제 수업 | 자투리 시간 활용하기

132 **3. 수업 중 발생할 수 있는 일**

4장 학생상담 어떻게 접근해야 할까?

148 **1. 기초 상담**
사전 설문지 활용 | 메신저 활용

154 [많은 신규교사가 질문했어요] Q. 학기 초 학부모 상담 진행 방법?

157 **2. 심리 및 고민 상담**
교구 활용 | 감정카드 활용 개별 상담 | 감정카드 활용 집단 상담

163 **3. 진로 진학 상담**

165 [많은 신규교사가 질문했어요] Q. 진로 진학 정보 한눈에 볼 수 있는 사이트?

166 **4. 상담 유의 사항**

5장 학급 행사 다 함께 즐겨볼까?

171 **1. 친근감을 높이는 학급 행사**
화이트데이 초콜릿 증정과 학급 사진 촬영 | 이미지 카드로 자기소개

180 **2. 감사 표현하는 학급 행사**
수업 밖의 선생님에게 감사 표현 | 어버이날 기념 영상 촬영

186 **3. 쉽고 인상 깊은 학급 행사**
조회 시간 보물찾기 | 하늘 사진 콘테스트 | 학급 명예의 전당

6장. 학교 행사 본격적으로 해볼까?

- 198　**1. 현장 체험학습**
  1학년 현장 체험학습 | 수련회 및 수학여행

- 206　**2. 체육행사**
  학급 티셔츠 선정 | 갈등 및 소외 예방

- 210　**3. 학교 축제**
  숨은 학생 추천 | 교사 찬조 출연 | 영상 제작

- 214　 방학 100% 즐기기

7장. 실수 없이 평가하고 감독해볼까?

- 221　**1. 수행평가**
  수행평가 시기와 방법 | 개별평가와 모둠평가 | 결석생 발생 시 | 평가 이의 제기 시 | 수행평가 작품 및 평가 기록지 보관

- 228　**2. 지필평가**
  문항 출제 전 점검 | 서술형 출제 및 채점 | 문항 출제 tip | 출제 오류 줄이는 tip

- 239　**3. 시험 감독 유의 사항**
  준비해야 할 일 | 시험장에서 해야 할 일과 유의사항

8장 학기 말 생활기록부 정리해볼까?

248   **1. 출결 상황**

250   **2. 행동 특성 및 종합 의견**

253   **3. 창의적체험활동 상황**
자율활동 | 동아리활동 | 봉사활동 | 진로활동

9장 갈등에 슬기롭게 대처해볼까?

263   **1. 동료 교사 및 관리자와의 갈등**
주변 동료 교사와의 갈등 사례

270   **2. 학생과의 갈등 및 교원평가**
학생과의 갈등 | 학생과도 필요한 거리두기 | 대처가 중요한 교권 침해 | 교원평가에 대한 태도

281   **3. 학부모와의 갈등**
라포르 형성 | 학부모 단체 대화방 운영 | 칭찬 메시지 전송 | 학부모 민원 전화

10장 아이들과 아름답게 작별 인사 해볼까?

296   **1. 종업식 및 졸업식 이벤트**

300   **2. 학급문집**

309   **알쓸ㅌJOB** 나의 다음 행보는?

315   에필로그 | 네버엔딩 교사생활

1장

새내기 교사에게는 어떤 준비가 필요할까?

설렘과 걱정 사이

김쌤, 오쌤, 윤쌤   선생님들, 신규교사일 때가 기억나시나요?

윤쌤   신규교사일 때를 떠올리면 드디어 교사가 되었다는 행복감도 잠시, 불안과 걱정이 엄습해서 3월이 오지 않았으면 좋겠다고 생각하기도 했습니다.

김쌤   신규교사가 아니더라도 3월 신학기를 앞둔 대부분의 선생님 마음이 그럴 것 같습니다. 설렘과 걱정 사이. 오 선생님, 신규교사가 미리 준비할 수 있는 내용과 유용한 팁들이 있을까요?

오쌤   저는 마음의 준비가 가장 중요하다고 생각하는데요. 어떻게 하면 전쟁 같은 3월을 잘 보낼 수 있을지 몇 가지 구체적인 방법을 알려드릴게요.

- 일반적으로 교육학 이론에서 교사라는 직업을 바라보는 관점은 세 가지로 분류됩니다. 바로 성직자관, 노동자관, 전문직관입니다. 성직자관은 교직을 정신적 봉사활동을 바탕으로 학생의 인격 향상을 돕는 것으로 보는 관점입니다. 이 관점에 따르면 교사는 세속적인 것을 가까이하면 안 된다고 볼 수 있습니다. 노동자관은 교사 역시 보수를 받는 한 사람의 노동자로, 노동에 따른 각종 권리를 주장할 수 있다고 보는 관점입니다. 전문직관은 교사는 끊

임없이 전문성 개발을 위해 노력해야 하는 전문직임을 강조하는 관점입니다. 세 관점 중 현실적으로 '노동자관', '전문직관'으로 교직을 대하는 교사가 늘고 있습니다. 이러한 추세는 교직 사회가 아무런 준비나 권리 없이 사명감만으로 버틸 수 없다는 것을 대변한다고 할 수 있습니다.

2월을 어떻게 보내느냐에 따라 1년 농사가 달라진다는 이야기가 있죠. 경력 교사라면 경험에 기반하여 새 학기에 무엇을 어떻게 준비해야 할지 어느 정도 감 잡을 수 있을 것입니다. 그러나 신규교사는 새 학기 준비에 대해 갈피를 잡지 못하고 중요한 시간을 허비할 수 있습니다. 교단에 서서 아이들과 만날 생각에 설렘과 기대를 느끼다가도, 막상 생각과 같을 수만은 없는 현실을 마주하여 혹독한 신고식을 치르고 상처 받고 힘들어할 수도 있습니다.

따라서 본격적으로 교사로서의 삶을 시작하기 전에 '나는 어떤 교사가 될 것인가?'와 같은 질문을 스스로 던지고, 교사로서 어떤 직업관을 지녔는지 생각해보는 게 필요합니다. 구체적으로 어떤 사명감을 지니고 학생을 대할 것인지, 어떤 원칙으로 학급을 운영할 것인지를 고민해봐야 합니다.

교사와 학생 간에 감정적으로 친근감을 느끼는 인간관계를 의미하는 '라포르(rapport)'를 형성하는 것도 중요합니다. 라포르를 빨리 형성할수록 학생은 교사에게 쉽게 마음을 열기 때문입니다. 그리고 이는 교사와 학생이 함께 학급 운영 및 수업 운영을 좀 더 원활하고 효과적으로 이끌어갈 수 있게 합니다. 교사는 학생에게 친근함과 신뢰감을 주어야 하는 직업입니다. 따라서 교사 본인의 신념과 학생과의 라포르 형성이 교사 생활을 움직이는 원동력이라고 할 수 있습니다. 새 학기 첫 교단에 서기 전에 어떻게 하면 이 두 마리 토끼를 잡을 수 있을지 고민해봐야 합니다.

학교에서는 돌발 상황이 많습니다. 그래서 신규교사에게는 학교가 긴장되고 두려운 마음이 앞서는 곳일 수도 있겠습니다. 그러나 임용시험에 합격하여 교사가 된 기쁨을 만끽하기에도 아까운 2월에, 일어나지 않은 일을 상상만 하며 걱정해야 할까요? 그보다는 설렘을 유지하면서도 걱정을 줄일 수 있도록 대비하는 자세가 필요합니다. 신규교사는 두려워하지 말고 직무에 부딪혀보고 경험해야 합니다. 그 과정에서 교사 자신이 상처 받지 않도록 보호 장치들도 준비해두는 게 교직 생활을 보람 있게 잘 수행하며 학생과 학부모와 잘 지내는 방법일 것입니다. 3월의 교단에 서기 전까지 교사의 교육 원칙을 정하고, 학생 간 갈등 상황에 대비하고, 학생들과의 라포르를 형성할 수 있는 방법을 안내하고자 합니다.

01 발령 후 준비 기간 알차게 보내기

I. 학급 운영 철학과 원칙 생각해보기

임용시험을 준비할 때 '교직관'을 공부한 기억이 있을 겁니다. 어떤 교사가 되고 싶은지 생각해보고 나의 학급과 수업을 어떻게 운영할 건지 나만의 신념을 세워보세요. 여러 상황에 직면했을 때 신념과 원칙에 따라 처리한다면 당황하거나 우왕좌왕하지 않고 나만의 매뉴얼을 만들 수 있을 겁니다.

특히, 학급을 운영하는 주체가 교사라는 점을 분명히 인지해야 합니다. 학생들에게 자율성을 주되 그 자율성은 교사가 컨트롤할 수 있는 범위 내에서 존중돼야 합니다. 그러기 위해서는 우리 반을 어떻게 운영할지, 학급에서 문제상황이 발생했을 때 어떻게 처리할지 원칙을 세우는 게 필요하겠죠. 교사의 마음에 단단한 신념이 자리 잡고 있다면 아이들은 그 방향으로 잘 따라올 것입니다. 다음과 같이 몇

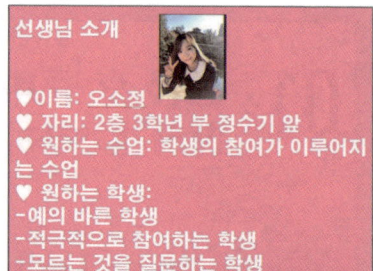
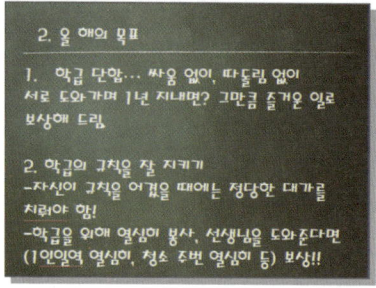
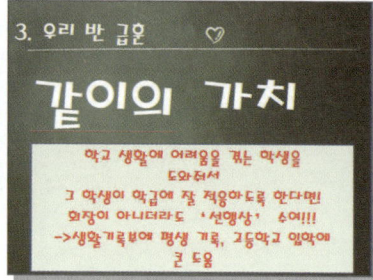

담임 OT 예시

가지 학급 운영 원칙을 세워볼 수 있습니다.

'공정할 것'
'학생들의 자율성을 존중하되 교사가 옳다고 생각하는 방향으로 이끌 것'
'감정에 휘둘리지 말 것'

먼저 신념을 세운 뒤 그 신념을 담아 '학급 첫 만남 OT', '교과 시간 첫 OT' 때 교사의 원칙을 학생들에게 소개하는 것을 추천합니다.*

---

* 첫 만남, 첫 수업 OT를 준비하는 방법은 3장에서 자세히 다루었습니다.

학생뿐만 아니라 학부모에게도 학급 운영 원칙을 담은 편지를 써서 아이들 편으로 전하는 것도 교사로서 좋은 첫인상을 만드는 데 기여할 것입니다.

〈학부모에 전하는 편지 예시〉

　학부모님, 안녕하세요. 저는 20○○년 ○학년 ○반 담임교사인 ○○○입니다. 제 담당 과목은 국어입니다. 어느덧 우리 아이들이 ○○중학교에 입학한 지도 1년이라는 시간이 흘러 어엿한 2학년이 되었습니다. 중학교 2학년은 아이들이 사춘기 성장통을 심하게 겪는 시기입니다. 학부모님께서도 아이들의 모습과 변화에 생각과 걱정이 많을 것입니다. 그래서 지면으로나마 인사드리고자 편지를 쓰게 되었습니다. 한 분 한 분 찾아뵙고 인사드리지 못하는 점 양해 부탁드립니다.

　올 한 해의 학급 운영에 대한 교육관과 교육활동 계획에 대해 알려드립니다.

　제가 1년 동안 학급 아이들과 함께 지켜갈 가장 큰 목표는 '같이의 가치'입니다.

　○학년 ○반이라는 한 학급에는 30명의 아이가 있습니다. 물론, 저는 아이들을 개개인으로 바라보겠지만 아이들은 '개인'이 아닌 '같이'라는 생각을 지녔으면 좋겠습니다. 중학교 2학년, 감정적으로 힘들 시기에 아이들이 서로 시기하고 미워하여 더욱 힘들어지기보다는, 위로하고 의지하며 30명이 모여 ○학년 ○반이 된다는 사실을 잊지 않았으면 합니다.

　대다수가 '나만 아니면 돼!'라고 생각하면 결국 모두 힘들어지고 그 상처와 고통이 서로에게 돌아간다는 것을 가정에서도 꼭 지도해주시길 바랍니다. 또한, 상대방을 배려하고 존중하는 태도를 지닐 수 있도록 지도해주세요. 부모님께서도 아이들 이야기와 입장을 존중해주시며 자연스럽게 예절과 예의를 체득할 수 있도록 지도해주시길 바랍니다. 저희 학급에서는 1인 1역할* 제도, 주번** 제도, 칭찬 누가기록 제도*** 등을 바탕으로 이러한 태도를 배울 수 있도록 지도하고, 아이들의 장점과 변화를 생활기록부에 생생하게 기록하도록 노력하겠습니다.

저는 우리 아이들이 질풍노도의 어려움 속에서 1년을 보내기보다는, 행복이라는 가치 속에서 1년을 보내기를 바랍니다. 중요한 시기인 만큼, 감정적으로 행복해야 학업에도 열중할 수 있다고 생각합니다. 이를 위하여, 다양한 학급 행사를 통해 아이들이 즐거움과 함께 배울 수 있도록 지도할 것입니다. 칭찬과 격려로 아이들 개개인을 지도하겠습니다. 많은 걱정이 앞서시겠지만 관심 가져주시고 믿고 지켜봐주시길 바랍니다.

아이들에 대한 것이나 저에게 하고 싶으신 말씀이 있다면 연락해주시길 바랍니다. 학부모님께서 해주시는 말씀이 저에게는 큰 도움과 힘이 됩니다. 제가 있는 교무실은 1층 본 교무실입니다. 학교 일과 시간 중이나 쉬는 시간에 전화하시거나, 휴대전화(xxx-xxxx-xxxx)로 연락하셔도 됩니다. 이 글을 보신 후에 제 연락처를 저장해주시고, 'OOO

---

* 한 사람이 학급을 위해 하나의 역할을 수행하도록 하여 학급 구성원으로서 책임감과 주인의식을 갖고 생활하도록 돕는 제도입니다.
** 일주일마다 학생별로 돌아가면서 교실 문단속 등의 역할을 수행하는 제도입니다. 학급을 운영하는 방식에 따라 친한 친구와 하게 하거나, 번호순으로 하는 등 다양한 방법이 있습니다.
*** 생활기록부에 학생의 긍정적 변화를 누가기록하여 추후 행동 특성 및 종합 의견에 반영하여 작성하도록 합니다.

학생 어머니 혹은 아버지 ○○○입니다.'와 같이 문자 한 통 보내주시면 감사하겠습니다(추후 학부모 SNS를 개설하여 공지사항을 안내해 드리거나 학생들 사진 등을 전송할 계획입니다). 3월 중 가정통신문이나 필요한 준비물, 서류 등이 많을 예정이오니, 미리미리 챙겨주시길 부탁드립니다.^^

  마지막으로, 자녀에 대해 부모님이 알고 있는 정보를 제게 주실 것과 자녀 지도에 대해 당부하고자 하는 내용을 적어주실 것을 부탁드립니다. 어려우시더라도 같이 보내드린 종이에 작성하셔서 밀봉하여 아이들을 통해 보내주시면 아이들을 이해하고 지도하는 데 큰 도움이 되겠습니다. 아이들이 저마다의 꿈을 키워나갈 수 있는 교실을 만들겠습니다.

  가정에 건강과 행복이 충만하시기를 기원합니다. 안녕히 계십시오.

20○○년 3월 ○○중학교 ○학년 ○반 담임 드림

2. 아이들 친구 관계와 갈등 상황 이해

많은 중등교사에게 가장 힘든 부분 중 하나가 '아이들 친구 관계 문제'일 겁니다. 학구열이 높은 지역에 있는 학교의 학생들은 학업 스트레스 지수가 높은 편입니다. 그 때문인지 학기 첫날부터 1년 내내 학생들이 돌아가며 '은따(은근히 따돌리는 것)'시키는 문제가 끊임없이 발생하기도 합니다. 아이들은 때로 영악하고 힘의 논리에 의해 좌지우지되기도 합니다. 이런 일이 발생하면 교사는 아이들을 어떻게 지도해야 하는지, 왜 우리 반에만 이런 일이 생기는지 우울하고 답답합니다.

   사춘기 아이들에게는 학업만큼이나 '교우관계'가 중요한 문제이기 때문에 몇 가지 갈등 상황을 알고, 교사로서 어떤 행동을 취할지 미리 생각한다면 덜 당황스러울 것입니다. 신규교사는 어떻게든 교사가 사건의 중심이 되어 문제를 해결하려고 합니다. 그러나 교사가 아이들의 문제에 다가가면 갈수록 상황은 악화됩니다. 오히려 아이들이 교사에게 반감을 지닐 수도 있습니다. 교사가 '학생들 갈등'에 대한 이해가 부족한 채 그 문제에 너무 깊게 파고들어 해결하고자 하는 것은 잘못입니다. 교사는 '조력자'이지 '해결사'가 아니기 때문입니다.

3. 우리 반 학생 이름 외우기

   학생과 라포르를 형성하기 위한 첫걸음은 이름을 기억해주는 것입니다. 반 명렬표를 받아서 학생들 성별과 이름을 미리 외워서 개학 첫날 불러준다면, 아이들도 교사의 준비된 자세에 고마움을 느낄 것입니다. 학생들 출석번호에 맞게 자리표를 만들고, 그 자리표에 이름을 대입하며 외우면 쉽게 익힐 수 있습니다. 그리고 학기 첫날 학생 한 명 한 명의 사진을 찍어서 집에 가서 보면서 외워보는 것도 추천합니다.

4. 학사일정과 학교 생활규정 파악

등교 시간, 지각 처리기준, 하교 시간을 파악한 뒤 학생들에게 지도합니다. 학사일정을 파악하여 어떤 행사가 몇 월에 있고 시험 기간은 언제인지 미리 알아두는 것도 필요합니다. 개학 첫날부터 그런 내용을 궁금해하는 학생이나 학부모가 있을 수 있기 때문입니다. 학교의 생활규정도 미리 파악해서 학생들에게 안내합니다. 학생들은 교사가 잘 모른다는 것을 알게 된 순간 교사를 신뢰하지 않거나 이를 악용할 수도 있습니다. 따라서 교사는 학교에 관해서 모든 걸 알아야 한다는 마음을 지녀야 합니다. 이외에도 교실과 교무실, 도서관, 체육관 등 특별실 위치도 미리 파악해두고 개학 첫날 안내해줍니다. 학교 홈페이지에서 학사력이나 교육계획서, 행사 및 규정에 대한 정보를 얻을 수 있습니다.

5. 1년 수업 미리 준비하기

새로운 학교에서 근무하기 전 혹은 새 학기 시작 전 방학 기간을 어떻게 효과적으로 보낼 수 있을까요? 대부분의 교사에게 해당되지만 특히 신규교사는 3월 학기 초에 조사, 수합, 입력 및 제출 등 각종 업무로 정신없는 시간을 보내게 됩니다. 양질의 수업을 준비할 수 있는 시간을 확보하는 데 어려움을 겪기 쉽습니다.

이런 어려움에 대비하도록 추천하는 방법은 학교를 배정받은 후 새 학기가 시작되는 3월 첫째 주 전까지 여유 있는 시간을 활용하여

3~4차시(일주일 수업 분량) 정도의 수업을 미리 계획·준비하는 것입니다. 경력교사도 학기 초의 분주함을 잘 알기 때문에 상대적으로 시간 여유가 있는 방학 기간을 이용해 여러 차시 수업을 미리 준비합니다. 그렇다면 어떻게 1년 수업을 시작하는 게 좋을까요?

▶ 교과서와 지도서

학생들에게 어떤 내용을 가르치게 될지, 어떤 부분에서 수행평가를 하면 좋을지 먼저 생각해보고 싶다면 3월이 되기 전에 교과서를 미리 받아서 훑어보는 것을 추천합니다. 3월 2일 첫날은 교과 OT로 진행되겠지만, 이날 교과서를 받아 수업을 준비하면 숨 막히는 한 주가 될 확률이 높습니다. 교과서를 미리 받아서 한 단원 정도의 수업을 준비해보고 수업 실연처럼 시뮬레이션도 해본다면 더 여유로운 개학 첫 주를 맞이할 수 있을 것입니다.

학교 사정에 따라 교과서를 받을 수 없다면, 교과서를 출판한 출판사 홈페이지에서 교과서 목차와 내용을 볼 수 있습니다. 이를 위해 근무하게 될 학교에서 사용하는 담당 과목 교과서의 출판사와 저자[*]를 살펴봐야 합니다. 출판사 홈페이지에서 교과서를 확인한 후에 교과서 PDF 파일 자료를 다운로드받아 미리 내용을 볼 수 있습니다. 포털사이트에서 '(출판사명) 교과서 PDF'로 검색하면 찾을 수 있습니다.

---

[*] 출판사는 동일하나 저자가 다른 교과서들이 있습니다. 저자별로 다른 내용의 교과서를 집필하고 있으므로 주요 저자가 누구인지 살펴보아야 합니다.

근무할 학교 홈페이지를 방문하면 [학교소개]와 같은 탭이 있습니다. 그중 [학교현황] 탭에 있는 [교과서현황]을 확인하면 됩니다. 학교마다 홈페이지 구성이 조금씩 다른데, [학교소식]이나 [공지사항]과 같은 탭에서 '교과서'로 검색하면 찾을 수 있을 것입니다. 학교를 방문하여 교과서 업무를 담당하거나, 교과서를 관리하는 선생님을 찾아 실제 교과서와 지도서를 미리 수령하여 확인할 수도 있습니다.

▶ **교과 진도 및 평가계획**

다음으로, 학교 알리미(초·중등 교육정보 공시 서비스: https://www.schoolinfo.go.kr/)를 통해 해당 학교가 작년에는 교육과정을 어떻게 운영했는지, 교과 진도 계획 및 평가는 어떻게 했는지 등 필요한 정보를 검색하여 살펴봅니다. 주로 '교과별 교과 진도 운영 계획'에서 교육과정별 어떤 단원을 어떤 학습 방법으로 진행하는지와 평가 단원 및 평가 방법 등을 찾아볼 수 있습니다. 간혹 작년 계획과 달리 단원 순서가 재구성되어 달라질 수 있지만 대부분 첫 단원은 학기 초에 수업이 진행되니 첫 단원을 위주로 어떻게 수업을 계획하면 좋을지 생각해둘 수 있습니다.

주로 2월 중순부터 말까지 신학기 대비 전체 교직원 연수가 이뤄집니다. 이 기간에 교과 교사별로 모여 학년을 분배하고, 단원 재구성이나 평가에 대해 논의하기도 합니다. 교과별 진도 운영 계획을 미리 살펴본다면 당황하지 않고 침착하게 참여할 수 있습니다. 또한,

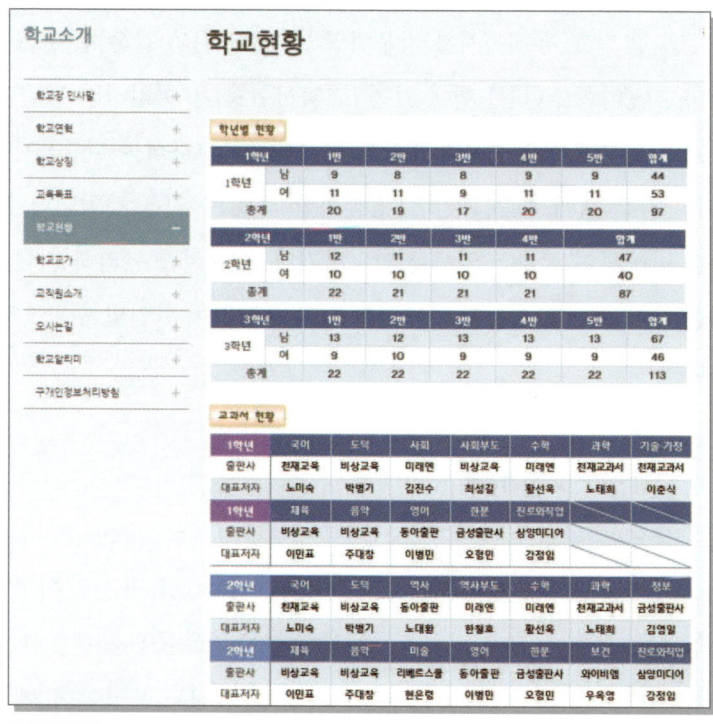

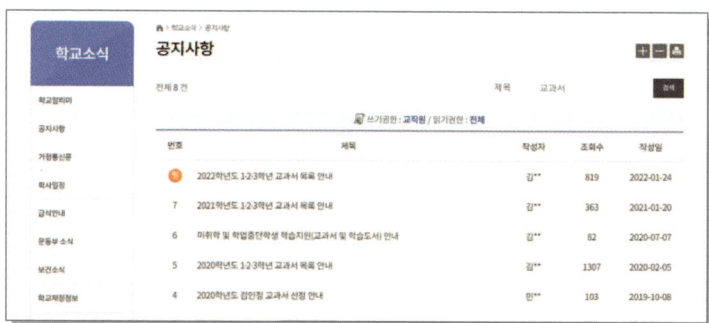

교과서 현황 공지 예시

▶ 교과 지도 운영 계획 예시

II. 연간 교수-학습 지도 계획

단원명	월	성취기준	핵심역량/ 인성/범교과	수업 방법	재구성 및 융합	독서 연계	평가계획			
							지필 고사 (40%)	수행평가(60%)		
								독후 활동 (20%)	창의 과제 (20%)	포트 폴리오 (20%)
4. 함께 살아 가는 우리 (2)	4월	[9국01-07] 여러 사람 앞에서 말할 때 부딪히는 어려움에 효과적으로 대처한다. [9국05-11] 개인 및 모둠활동 시 협력하여 적극적으로 참여하며 교육과정 수행에 능동적인 자세로 참여할 수 있다.	자기관리 역량, 의사소통 역량, 책임, 존중, 배려, 이해, 소통, 협동, 교육활동 침해 행위예방교육	발표 수업	교 과 내		○		○	
2. 문장을 엮는 손, 과정을 읽는 눈	5월	[9국04-06] 문장의 짜임과 양상을 탐구하고 활용한다. [9국05-11] 개인 및 모둠활동 시 협력하여 적극적으로 참여하며 교육과정 수행에 능동적인 자세로 참여할 수 있다.	지식정보 처리 역량 의사소통 역량	탐구 학습 협력 학습	교 과 내			○		○
		[9국02-09] 자신의 읽기 과정을 점검하고 효과적으로 조정하며 읽는다. [9국05-11] 개인 및 모둠활동 시 협력하여 적극적으로 참여하며 교육과정 수행에 능동적인 자세로 참여할 수 있다.	자아성찰 메타인지 활용역량 자기관리 역량 의사소통 역량	탐구 학습 협력 학습	교 과 내	√	○			○

작년 학교 평가계획과 교육계획서를 요청하여 어떤 수업과 평가가 진행되었는지 참고해보는 것도 하나의 팁이 될 수 있습니다.

6. 학급 환경 준비로 아이들 맞이하기

교실은 1년 동안 우리 아이들과 쓸 공간입니다. 3월 개학 날 교실에 처음 가본다면 선생님도 낯설고 아이들은 더 낯설 것입니다. 방학 이후 몇 달간 방치된 교실이라 청소되지 않아 지저분할 수도 있습니다. 아이들과의 첫 만남을 정돈되고 깨끗한 교실에서 하는 게 더 좋겠죠.

아이들을 생각하며 이름을 외우기 쉽게 자리 배치도 다시 하고, 깨끗이 청소하고, 교사의 학급 운영 철학과 원칙도 한쪽 면에 붙이고 새집을 꾸미는 것처럼 해보길 추천합니다. '깨진 유리창의 법칙'은 지저분하면 지저분하게 쓰게 되고 깨끗하면 더럽히게 될까 봐 더 소중히 여기게 된다는 내용입니다. 이 원칙은 교실에도 적용됩니다. 아이들에게 첫 만남에 선생님의 노력을 어필하며 앞으로 교실을 깨끗하게 써줄 것을 당부한다면 교육적 효과도 높을 것입니다.

환경은 아이들의 심리와 정서는 물론 행동에도 영향을 미칠 수 있습니다. 아이들은 깨끗하고 반듯하게 정리된 공간에 들어서면서 쾌적함과 산뜻함, 압도감을 느낄 것입니다. 아이들에게 긍정적인 영향력을 줄 수 있도록 새 학기 시작 전 깨끗하고 정돈된 교실을 만들어 보세요.

▶ **교실 청소해두기**

직전 연도까지 사용된 교실에는 종업식 혹은 졸업식으로 인해 쓰레기가 쌓여있을 수 있습니다. 책상과 사물함 안에 학생들이 미처 버리지 못하거나 챙기지 못한 물건이 있을 수도 있습니다. 교실 게시판과 창문에는 기간이 지난 각종 게시물이 부착되어있을 것입니다. 이런 것들을 깨끗하게 정리 및 폐기하여 아이들이 새로운 교실에서 새 학기를 산뜻하게 시작할 수 있게 해주세요.

책상과 의자 상태를 확인하고, 상태가 좋지 않은 것은 교체하고, 심한 낙서가 있다면 낙서 제거제로 지워줍니다. 마지막으로 책상과 의자를 반듯하게 정렬해둡니다. 정돈된 공간을 통해 선생님이 아이들에게 첫 기선을 제압할 수도 있습니다. 교사가 '소리 없이 강한 카리스마'를 장착할 방법의 하나는 미리 전반적으로 철저히 준비·대비하여 사안이 벌어지거나 놓치거나 실수할 수 있는 틈이 발생하지 않도록 하는 것입니다. 3월 새 학기 시작 전에 사고와 혼란을 미연에 방지할 수 있도록 많은 부분을 준비하여 아이들을 자신 있게 맞이해보세요.

▶ **책상과 사물함, 신발장에 이름표 붙이기**

아이들이 새로운 교실에 들어오면 어느 자리에 앉아야 할지 헤매거나 당황할 수 있습니다. 선생님이 미리 책상과 사물함, 신발장 등에 이름표(번호표)를 붙여두면, 아이들이 자연스럽게 본인 자리를 찾아 앉고 심리적으로 편안하게 수업을 준비할 수 있을 것입니다. 특히 중학교 1학년 학생은 종종 본인 학번을 잊어버려서 묻는 경우가 많습니다. 이름과 학번이 함께 작성된 이름표를 제작·부착하면 효과적입니다.

왼쪽 | 학번과 이름이 함께 작성된 책상 이름표, 오른쪽 | 번호만 부착된 사물함

　사물함과 신발장이 교실 내부가 아닌 외부에 있다면 이름 노출로 장난 및 사안이 발생할 수도 있습니다. 이 경우에는 번호만 작성하여 부착하는 게 좋습니다. 번호만 작성된 경우, 다음 연도에 사용할 학생이 그대로 이어받아 사용할 수 있다는 장점도 있습니다.

많은 신규교사가 질문했어요

Q. 학생 및 학부모와 연락 방법?

퇴근 후 몰려오는 직업 피로 때문에 사적인 연락 수단과 공적인 연락 수단을 구분하는 교사가 많습니다. 업무 휴대전화와 개인 휴대전화 두 가지를 사용하거나, 하나의 휴대전화로 다음과 같은 방법을 활용할 수 있습니다.

먼저, 교사의 학교 전화번호를 활용하는 방법이 있습니다. 교무실별로 개인 전화가 있고 선생님별로 부여된 개인 전화번호가 있으니 이를 업무에 활용할 수 있습니다. 이 방법은 업무 시간에만 연락받을 수 있다는 장점이 있으나, 교사가 자리를 비웠을 경우 연락이 제한된다는 단점이 있습니다.

두 번째로, 개인 휴대전화 번호를 쓰되 메신저 멀티프로필 설정을 활용할 수 있습니다. 학생 단체 대화방과 학부모 단체 대화방을 만든다면, 메신저 멀티프로필로 학생과 학부모 연락처를 설정해놓을 수 있습니다. 학생과 학부모 연락처를 저장하고 멀티프로필을 설정해야 합니다. 사적인 영역과 공적인 영역을 어느 정도 구분할 수 있다는 장점이 있습니다. 단체 대화방을 활용해 공지 및 각종 자료 수합을 빠르게 할 수 있다는 장점도 있습니다.

세 번째로, 오픈채팅 프로필 활용 및 오픈채팅방 운영 방법이 있습니다. 메신저에서 개인채팅과 오픈채팅을 탭으로 구분할 수 있기에 한 가지 휴대전화를 사용하는 경우에는 업무와 사적인 연락을 구분할 수 있다는 장점이 있습니다. 그러나 익명으로 말을 걸어올 때 신원을 확인하기 어렵다는 단점이 있습니다.

마지막으로, KT 투폰 서비스, SKT 넘버플러스 서비스를 통해 한 개의 휴대전화를 사용하지만 두 가지 번호를 이용하는 방법이 있습니다. 이 방법은 두 개의 휴대전화를 가지고 다닐 필요 없이 하나의 휴대전화에서 간단한 설정을 통해 두 가지 번호를 이용할 수 있다는 장점이 있지만, 메신저 사용 시 기존에 가입한 번호로만 사용할 수 있는 단점이 있습니다.

Q. 잘 모르는 질문 대처법?

학생 및 학부모가 교사가 잘 모르는 학교 정보나 진학 정보에 대해 질문했을 때, 교사가 아는 척하며 둘러대거나 말을 번복한다면 교사에 대한 신뢰도가 떨어질 수 있습니다. '내가 잘 모른다고 하면 학생 및 학부모가 나를 불신할 텐데 어떻게 하지?'라며 고민될 수 있습니다. 그러나 아는 척 둘러대다가는 추후 더 큰 신뢰를 잃을 수도 있습니다. 통화 중 잘 모르는 질문이 나온다면 "정확한 정보를 제공하기 위해 다시 한번 알아보고 연락하겠다."라고 하며 일단 통화를 끊고 선배 교사, 부장교사에 확인해보거나 학교규정을 찾아본 뒤 다시 전화해 정확한 정보를 전달해야 합니다. 잘 모르는 내용에는 한 템포 쉬어가길 추천합니다. 교사에 대한 신뢰도도 지키고, 정확한 정보도 전달할 수 있습니다.

02 미리 알고 준비하면 좋은 것

1. 물품 준비해두기

학교생활을 시작하기에 앞서 미리 준비하면 편리한 물품 몇 가지를 소개합니다. 학교에서 나눠주는 비품이 있지만, 그 외에도 교사가 챙겨야 할 물품이 꽤 있습니다. 학급이나 수업에서 활용하는 물품은 '학급 운영비'나 '학습 준비물 및 교과 운영비'라는 예산을 사용할 수 있습니다.

▶ **명함**

학교에서 자체 명함을 주지 않기 때문에 교사 개인이 제작해야 합니다. 명함은 한글 파일이나 '미리캔버스' 사이트(https://www.miricanvas.com/), ppt 등으로 출력하여 제작할 수 있습니다. 전문 업체에 제작을 의뢰하는 방법도 있습니다. 명함에는 교사 연락처와 담

교사 명함 예시

당 교과목, 교육관이 들어가면 효과적입니다. OT에서 학생들에게 명함을 건네며 자기소개를 하면, 교사가 학생을 존중하는 태도를 더 잘 전달할 수 있습니다. 이와 같은 태도는 교사와 학생 사이에 라포르가 형성되는 데 긍정적으로 작용합니다. 학부모 총회에서 학부모에게 명함을 건네며 자기소개를 하면 직업적인 전문성을 더 드러낼 수 있습니다.

▶ 만년도장

교사는 '시험 감독' 업무를 수행해야 합니다. 중학교 1학년을 제외하고 중등부 학년별로 학기마다 중간고사와 기말고사를 치르기 때문에, 1년에 총 4번의 정기고사 감독을 수행합니다. 이외에도 영어듣기평가, 학교별로 시행하는 시험에서 감독관 업무를 맡습니다.

시험 감독 중 '감독관 날인' 시 만년도장이 유용합니다. OMR카드에 일일이 서명하는 수고를 덜 수 있기 때문입니다. 일반 도장은 스탬프를 찍어 사용해야 해서 번거롭지만, 만년도장은 잉크가 묻어나오기 때문에 편리합니다(도장에 교사 성을 포함한 이름을 정자로 새겨야,

만년도장

수능시험 감독 때도 사용할 수 있습니다). 만년도장은 한번 제작하면 잉크를 충전하여 반영구적으로 사용할 수 있으니, 너무 저렴한 것보다는 내구성이 좋은 걸 선택하는 게 좋습니다.

▶ 텀블러

정신없이 흘러가는 조회 시간, 숨 돌릴 틈 없이 시작되는 1교시 수업, 쉬는 시간마다 찾아오는 사건 사고. 공강 시간에 식어버리거나 밍밍한 커피를 마주하는 교사가 많습니다. 보온과 보냉 기능 텀블러에 음료를 담아두면 당장 마시지 못하더라도 따뜻하거나 찬 온도를 유지해서 마실 수 있습니다. 교사는 특히 말을 많이 하기 때문에 목이 생명입니다. 물이나 음료를 텀블러에 담아서 수업 중이나 교무실에서 수시로 마시며 목 건강을 챙길 수 있습니다.

▶ USB

학교 메신저를 통해 들어오는 수많은 정보와 자료를 USB에 보관할 수 있습니다. 전자칠판을 사용하는 학교에서는 USB에 수업 자료를 담아서 칠판에 연결하여 수업하기 때문에 USB가 꼭 필요합니다. 많은 파일을 저장할 때는 구글 드라이브 혹은 클라우드를 노트북에 설치하여 활용하면, 장소에 구애받지 않고 로그인만으로 파일을 열어볼 수 있습니다. 그러나 공용 PC나 전자칠판, 공용 스캐너 사용 시 번거로울 수 있으니 간단한 파일을 옮기고 저장할 때는 여분의 USB 사용이 편리합니다.

▶ 다용도 상자(바구니)

일반적으로 교사는 적게는 4~5개 학급, 많게는 10개 학급의 수업을 담당합니다(과목에 따라 차이가 있습니다). 많은 학급과 학생을 담당하다 보면 준비물이 많아져 이를 헷갈리지 않게 기억해야 합니다. 학습지와 명렬표를 학

다용도 상자(바구니)

급별로 분류해서 작은 상자(바구니)에 넣어두면 각각 다른 수업에 필요한 준비를 잘 할 수 있을 것입니다. 일반적으로 학습지는 A4용지 크기로 제작하기 때문에 학습지가 들어갈 수 있는 크기의 상자(바구니)를 준비하면 좋습니다. 담임용 용품을 담아놓을 상자와 수업용 상자를 구분해놓는다면 더 효율적일 것입니다.

▶ 학교 서식 문서

체험학습을 신청하거나 독서기록장 작성에 관하여 묻는 학생이

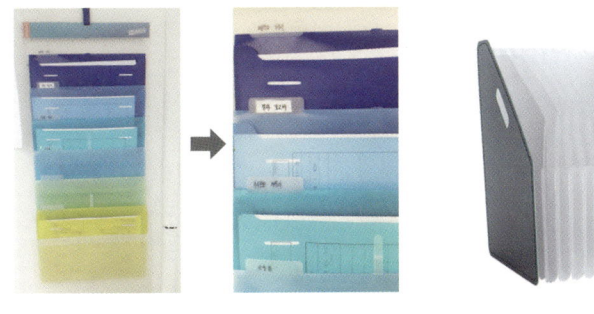

벽걸이형 파일   아코디언 파일 상자

있곤 합니다. 봉사활동 계획서를 작성하여 제출하려는데 문서 서식이 어디 있는지 묻거나, 가정에서 문서를 프린트할 수 없어서 이를 요청하는 학생이 있을 수 있습니다. 이런 경우에 자주 사용하는 문서 서식을 충분히 인쇄하여 학급에 비치해두면 교사와 학생 모두 편하게 활용할 수 있습니다. 벽걸이형 파일 혹은 아코디언 파일 상자를 학급 운영비로 구입하여 가정통신문 등을 비치해두고, 추가로 요청하거나 필요한 학생이 직접 가져갈 수 있게 지도합니다.

▶ 자석과 학급 비품

교실 칠판에는 매년 많은 프린트물이 전달·부착됩니다. 학교 행사, 각 교과 공지 및 전달 사항, 생활지도 안내, 수업일정표, 학급 규칙 등 다양한 프린트물이 있습니다. 이런 프린트물을 전달·부착하는 데 자석이 유용합니다.

1년 혹은 오랫동안 부착·공지해야 하는 프린트는 칠판 상단이나

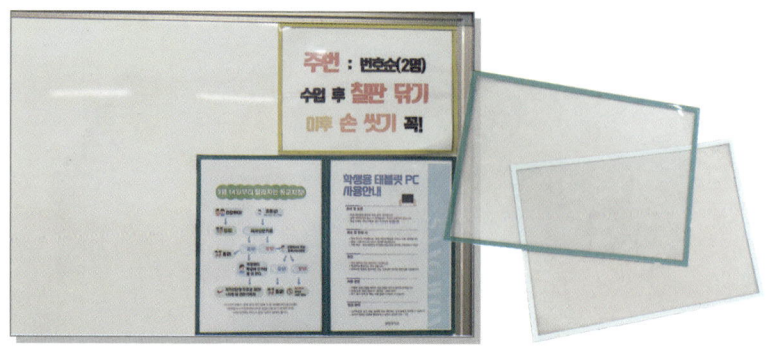

자석형 투명 케이스

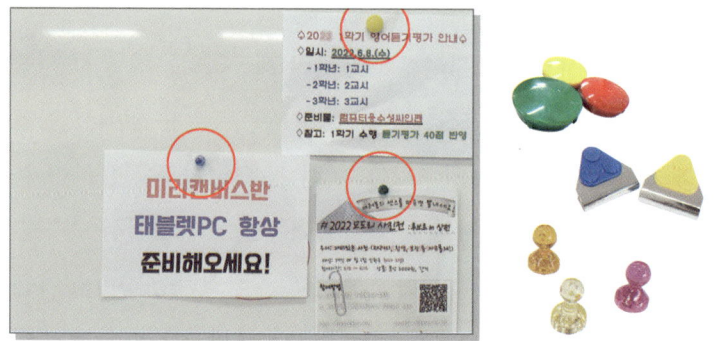

원형 자석, 자석 집게, 체스형 자석

측면에 '자석형 투명 케이스'를 두어 담아두면 장기간 보존할 수 있으며, 프린트물을 언제든 쉽게 교체할 수 있기 때문에 효율적입니다. 기간이 정해져 있거나 단시간에 게시 및 폐기될 프린트물에는 '자석 집게', '원형 자석', '체스형 자석'을 이용하면 좋습니다.

  담임 업무를 하다 보면 사소한 준비물을 가져오지 않아서 곤란해 하는 학생을 볼 수 있습니다. 학급 비품함을 만들어, 학생들이 많이 사용하는 준비물을 넣어두고 반 이름표를 붙여 두면 해소될 수 있는 문제입니다. 실내화 가방을 가지고 다니는 학교라면 공용 실내화를 준비해놓고, 깜빡하고 실내화를 가져오지 않은 학생이 신고 다닐 수 있도록 지도하면 유용합니다. 자석 외에도 학생들이 자주 이용하는 스테이플러, 2공 펀칭기, 컴퓨터용 사인펜, 풀, 가위를 비치해두고 아이들에게 소중히 사용할 수 있게 지도해주세요.

▶ **분실물함**

분실물함에 주인을 찾지 못한 물건을 넣어두고 일정 기간 내 물건 주인이 나타나지 않으면, 학급 비품함에 기부하는 것으로 운영하면 좋습니다. 학급 비품함과 분실물함은 학생들이 돌아가며 관리하도록 하는 게 교육적인 면에서도 효과적입니다.

2. 첫 인사 자료 준비하기

교사는 3월 개학과 동시에 담임교사이자 교과교사로서 바로 현장에 뛰어들게 됩니다. 개학 전에 어떤 준비를 하느냐에 따라 3월 한 달을 편안하게 보낼 수도, 힘겹게 보낼 수도 있습니다. 이 시기에 담임교사로서 학생들을 파악하기 위한 '설문지'와 교사를 소개하는 '첫 인사 자료'를 만들어 준비할 수 있습니다.

교사 소개 자료에는 교사의 가치관과 교육관, 학생들과 학부모에 대한 인사 내용을 담으면 좋습니다. 학생 설문 조사는 학생을 빨리 파악하는 데 도움 되며, 추후 상담 자료로 활용할 수 있습니다. 평소 학생의 생활 습관, 고민, 부모와의 관계 등의 내용으로 구성합니다. 부모 직업이나 이혼 등의 가족 구성이나 가정환경은 학생상담에 도움이 되겠지만, 묻기 조심스러운 내용이므로 설문에는 직접적으로 넣지 않습니다. 교과교사로서 3월 첫 주에는 오리엔테이션 후 수업에 들어가는데, 이와 관련된 자료도 미리 만들어두면 좋습니다. 수업과 관련된 부분은 3장에서 다룰 예정입니다.

3. 교사 간에 좋은 관계 유지하기

학교도 하나의 사회이고, 직장입니다. 교사와 교사 간에 직장 동료로서의 관계도 있고, 이러한 관계에서 스트레스가 발생할 수 있습니다. 인간관계에 관해 잘 생각하고 대비한다면 동료 교사와 돈독함을 유지할 수 있습니다. 처음 발령받은 학교가 낯설고 불편하겠지만, 먼저 주변 교사에게 웃으며 인사 건네는 게 좋은 인상을 만드는 첫걸음입니다. '누가 먼저 와서 말 걸어주겠지.', '나는 낯을 많이 가리는 사람이야.'라고 스스로 수줍음 속에 가두기보다는 학교에서 마주치는 모든 사람에게 먼저 "이번에 발령받은 신규교사 누구입니다."라고 소개하며 인사해보세요. 용기를 낸 만큼 좋은 인상을 남길 수 있을 것입니다.

▶ **업무 진행 확인하기**

　신규교사는 부서 업무 중 한 가지를 담당하고, 담임 업무를 맡을 확률이 높습니다. 학교마다 학년부 체제, 업무 중심 체제 등 조금씩 다르지만 학년부 체제라면, 담당한 학년부 교무실에서 근무하게 될 것입니다. 학급 경영은 담임교사의 재량으로, 각 담임이 스스로 계획 및 진행하는 게 일반적입니다. 그러나 신규교사라면 혼자 어떤 일을 무작정 시도 및 진행하기보다는 사전에 부서 대표(부장) 교사에게 계획을 말하고 의견을 나눠보는 게 필요합니다. 신규교사가 미처 생각하지 못한 부분을 발견할 수 있고, 많은 경험이 있는 선배 교사의 지혜가 고민이나 어려움을 해결하는 데 도움 될 수 있기 때문에 더 좋은 업무 결과를 끌어낼 수 있을 겁니다.

　신규교사 때 아이들에게 간식을 사주는 옆 반 교사를 보고, 행정실에서 카드를 받아 간식을 결제한 적 있습니다. 알고 보니 예산을 사용하려면 먼저 기안하고 결재받아야 하는데, 그런 과정 없이 예산을 사용하는 실수를 저지른 것입니다. 곁눈질로 보고 배우는 것도 필요하지만, 그 과정이 정확하지 않다면 반드시 더 잘 아는 동료나 선배에게 질문하고 의논해야 합니다.

▶ **존중과 감사 표현하기**

　신규교사의 매일은 옆자리 선배 교사에게 의지하는 일이 많습니다. 학교에서 출석부, 주번, 청소 당번, 각종 유인물, 가정통신문 등 수많은 업무와 사안에 둘러싸입니다. 신규교사 본인이 지금 어떤 업무를 해야 하는지 알아서 파악하고, 잘 모르겠으면 주변 동료 교사들에게 질문하며 업무를 수행해야 합니다. 이때 바쁘더라도 동료 교사에게 본인이 궁금한 내용만을 묻고, 듣고 싶은 말만 듣고 업무 처리로 돌아가는 태도를 주의해야 합니다. 급한 불 끄는 데 급급하지만, 동료를 위해 시간을 써준 교사에게 사소한 일이라도 진심을 담아 감사를 표현하는 걸 잊지 말아야 합니다.

4. 어쩌다 내 업무, 어쩌다 내 수업

▶ **부서별 업무**

교사는 수업 외에 '담당 업무'를 맡습니다. 학교 규모나 상황, 관리자 성향에 따라 부서명이 다르고, 세분화되거나 통폐합되기도 하지만 기본적인 업무 분장 조직은 다음 표와 같습니다.

담임을 맡을 경우 상대적으로 업무가 적고, 비담임이라면 상대적으로 업무가 많을 수 있습니다. 학년부 체제인지 아닌지에 따라서도 업무량과 성격이 달라집니다. 신규교사는 업무나 담임 여부에 선택권이 없고 비워놓은 자리를 맡는 게 대부분입니다. 담당한 일이 어떤 업무에 해당하는지 기본적인 정보는 알아두는 게 필요합니다. 신규 부임 첫해에는 선택권이 없더라도 다음 해부터는 '업무분장희망서'를 통해 담당하고 싶은 업무를 선택할 수 있으므로, 어떤 업무들이 있는지 미리 파악해두는 것도 필요합니다. 일반적으로 모든 부서에

▶ 교사의 부서별 업무 예시

교무부	학교 업무의 핵심! 학사일정, 고사, 평가, 성적 처리, 나이스 업무, 시간표, 학적 등 학교의 중심적인 업무를 수행하는 부서로, 해당 부서의 업무를 하며 학교가 어떻게 운영되는지 감 잡을 수 있음.
연구부	교무부와 양대 산맥! 교원평가, 연수, 연구수업, 장학, 교원 학습 공동체 등 학교의 수업 지원과 관련된 업무를 수행하는 부서.
1학년부	1학년과 관련된 업무를 수행하는 부서. 자유학년제, 생활지도(상벌점제), 수련회 업무 등을 수행.
2학년부	2학년과 관련된 업무를 수행하는 부서. 수련회 업무, 생활지도(상벌점제), 봉사활동 업무 등 수행. 2학년부에는 상대적으로 학년 업무가 적은 대신 사안이 많은 편.
3학년부	3학년 관련 업무 수행. 3학년 업무의 핵심은 진학! 고등학교 진학과 관련된 업무가 많은 편. 진학 상담, 내신 성적 산출 및 생활기록부 마감 등 수행.
창의체험부	교내 행사, 예술·체험, 전시회 등과 관련된 업무 수행. 행사 기획력이 있다면 추천하는 부서.
상담복지부	상담 및 교육 복지, 장애 이해 교육, 위기 학생 파악 및 상담, 특수학급 운영과 관련된 업무를 수행하는 부서.
학력신장부	학교마다 다르지만 최근 학력신장부가 만들어지는 추세. 기본학력책임지도제, 온라인 수업, 멘토링, 방과후 학교 등의 업무를 수행하는 부서.
인문사회부	백일장, 독서 캠프, 영어 교육 등 각종 인문·사회 교육 담당. 학교가 얼마나 행사를 많이 하느냐에 따라 업무 규모가 달라지는 부서.
과학정보부	과학 행사, 영재 교육, 학교 기자재 관리 등 정보 기기 및 과학 교육과 관련된 업무 수행. 주로 과학 교사가 담당하게 되는 부서.
생활자치부	'생활자치부', '생활지도부', '생활안전부' 등 학교마다 명칭 다름. 과거에는 학교폭력으로 인해 업무 난도가 높은 부서였음. 학폭 업무가 교육청으로 가면서 업무량이 줄긴 했지만 여전히 사안이 많은 부서. 주로 사안, 학폭, 안전교육, 학생회 업무를 수행.
체육부	주로 체육교사가 부장을 담당하게 됨. 체육행사 및 업무, 보건 교육 등이 포함됨. 코로나19로 인해 방역 업무가 추가됨.
진로교육부	진로 활동과 관련된 업무로 진로 교사 혼자 운영하는 경우가 많은 부서.

는 업무를 총괄하는 '부장'과 부장의 업무를 돕는 '기획'이 있습니다 (부장과 기획 업무는 추후 성과급 수령에도 영향을 미칠 수 있습니다).

▶ 수업 시수

업무를 담당하였다면, 이제 수업을 담당해야 합니다. 일주일에 몇 번 수업하는지를 '수업 시수'라고 합니다. 학교 규모, 동일한 교과 선생님 여부, 과목별로 차이가 있지만 평균적으로 17~20 시수를 담당합니다. 예를 들어, 2학년 국어 과목, 4개 학급을 담당하게 되었다면 (한 주당 4시간) x (4개 학급) = 16 시수가 수업 시수가 됩니다. 1학년 자유학년제 수업을 담당한다면 2시간이 추가되어 총 18 시수가 한 주당 수업 시수가 됩니다. 수업 시수는 2월 중순~말쯤 진행되는 '교직원 출근일'에서 동일 교과 선생님들과 협의하여 확정합니다. 1, 2학기의 수업 시수에 대해 의논하는데, 균등하게 수업 시수를 나눌 수 있도록 심혈을 기울여야 합니다.

▶ 다학년 지도

다학년 지도란 한 개 학년이 아닌 여러 학년 수업을 담당하여 지도하는 것을 의미합니다. 예를 들어 1학년, 3학년 수업을 동시에 담당하게 되는 식입니다. 다학년 지도는 동교과 협의를 통해 결정됩니다. 한 학년만 지도할 경우 준비해야 할 수업 종류가 적기 때문에 상대적으로 수업 준비가 용이합니다. 그러나 학교 규모가 작을수록 동교과 선생님이 적기 때문에 1명의 교사가 여러 학년을 담당해야 하는 경우가 많아집니다. 앞선 예시처럼 2학년 담당 교사가 1학년 자유학년제 수업에도 들어가는 경우가 이에 해당되며 학교별로 기준이 다를 수 있습니다. 다학년 지도 역시 성과급 기준에서 추가 점수를 받는 경우가 많습니다.

2장

학기 초에는 무엇을 할까?

정신없는 전쟁 시작

윤쌤 김 선생님, 아직 2월 방학 기간인데 뭘 그렇게 많이 준비하세요?

김쌤 우리 반 학급을 빠르게 안정시켜 운영하기 위해 준비할 게 많아서요. 매년 이렇게 준비하며 느끼는 건데요. 미리 준비해두니 학기 초에 제가 심리적으로 편하고, 사안도 생기지 않아서 안정적으로 3월을 보낼 수 있더라고요.

오쌤 구체적으로 할 수 있는 내용을 소개해주실 수 있을까요?

김쌤 네, 학기 초에 미리 준비 및 실행하면 좋을 내용을 공유하겠습니다.

- 학교 업무는 크게 세 가지로 구분할 수 있습니다. 담임교사로서 '담임 업무', 교과 교사로서 '교과 업무', 담당 부서 교사로서 '부서 및 행정 업무'가 있습니다.

담임 업무에는 다음과 같은 것이 포함됩니다. 학생 기초 환경 조사, 학생 및 진로 상담, 생활지도, 출결 확인 및 관리, 체험활동 준비 및 교육, 학급 및 학교 행사 지도, 고사 및 수행평가 관리와 지도, 학교생활기록부 작성 및 점검, 고등학교 원서 작성과 제출 등이 있습니다. 학생의 학교생활과 관련 있는 업무입니다.

교과 업무에는 다음과 같은 것이 있습니다. 교과 지도 및 평가계획, 수업 운영, 수업 활동 재료 준비, 고사 출제 및 평가, 수행평가 등 학생의 수업과 직접적으로 관련되는 내용입니다.

부서 및 행정 업무는 기안문 작성 및 발송, 운영계획서와 평가, 가정통신문 발송 등 학교 교육 활동이 진행될 수 있도록 지원하는 업무로, 각 교사가 담당 부서에서 전문적으로 맡습니다.

이 업무들은 2월 신학기 교직원 회의에서 분장되어 각 교사가 1년 단위로 맡게 됩니다.

01 업무 익숙해지기

I. 학교 공간과 환경 파악하기

새로운 학교에서 첫 수업과 업무를 시작하기 전에 학교 공간과 환경을 살펴봐야 합니다. 아무것도 아니라고 생각할 수 있는 작은 부분을 준비하지 못하여 그동안 열심히 준비한 많은 것을 중요한 시기에 실행하지도 못하고 허무하게 마칠 수도 있기 때문입니다. 특히 학교 공간과 교실 환경은 다음과 같은 이유에서 꼭 미리 살펴봐야 합니다.

▶ **교실 전자 기기 및 인터넷 상태 점검**

준비를 철저히 해도 예상 밖의 문제가 일어날 수 있는 곳이 교실입니다. 파워포인트로 글자 폰트가 깨지지 않게 저장하고, 교실 내 인터넷 연결 상태도 확인하였는데 정작 아이들이 교실에서 보게 되는 화면(빔프로젝터 슬라이드) UP/DOWN 컨트롤 박스 위치를 찾지

전자칠판   칠판과 대형 모니터

못하여 검은 칠판 위에 빔을 쏘며 수업할 수 있습니다. 태블릿 PC를 활용한 수업을 열심히 준비하고 진행하려는데 아이들의 태블릿 PC가 충전되지 않아 수업을 날릴 수도 있습니다.

  새 학기 첫 수업 전에는 반드시 교실 및 교과실의 전자 기기 작동법과 유·무선 네트워크 상태 및 연결 방법을 익혀둬야 합니다. 대부분의 교실에는 대형 TV, 빔프로젝터, 전자칠판 중 하나가 설치되어 있습니다. 데스크톱 PC나 교사 개별 노트북을 출력 화면에 직접 연결해보며(혹은 미러링) 익혀야 수업을 잘 시작할 수 있을 것입니다. 전자기기 작동 및 실행이 안 되는 문제는 의외로 허무한 이유 때문일 수 있습니다. 다음 내용을 참고하여 문제 발생 시 점검해보세요.

- 교실 전자 기기의 주 전원이 꺼진 경우
- 교실로 전기 공급하는 배전함에서 전원이 차단된 경우
- 화면을 켜고 끄는 리모컨 배터리가 소모된 경우
- 개별 노트북과 출력 화면을 연결하는 HDMI 케이블이 접촉 불량인 경우

- 출력 화면에서의 화면 설정(외부입력1, 외부입력2, HDMI1, HDMI2 등) 혹은 윈도 디스플레이의 연결 설정(화면복제, 화면확장 등)이 잘못된 경우

2020년 이후로 대부분의 학교 교실에는 무선 와이파이가 설치되어 있습니다. 담당 부서 혹은 교내 주변 동료 선생님에게 유·무선 네트워크 연결 방법 및 암호를 문의하여 원활하게 수업을 준비 및 진행해보세요.

▶ **인쇄 · 복사 · 코팅 방법 알아두기**

학교에서는 가정통신문, 학습활동지 등 많은 인쇄물이 제작됩니다. 교사 개별 PC에 연결된 프린터로 인쇄할 수도 있지만, 학년 전체 혹은 전교생을 대상으로 하는 대량 인쇄물을 제작해야 하는 경우에는 학교 '인쇄실'에 요청할 수 있습니다. 인쇄를 원하는 원본 프린트를 가지고, 인쇄 요청서를 작성하여 인쇄실 담당자에게 전달하면 대량 인쇄 도움을 받을 수 있습니다. 인쇄 요청서는 대개 다음과 같은 내용으로 작성됩니다.

① 인쇄 요청인
② 인쇄 완료 요청일
③ 인쇄 요청 매수
④ 용지 크기 및 용지 종류
⑤ 단면 및 양면 요청
⑥ 인쇄 목적

인쇄실에서는 대량 인쇄를 처리하기 때문에 컬러 인쇄는 지원하

지 않는 경우가 많습니다. 컬러 인쇄는 교사가 직접 개별적으로 처리해야 합니다. 학교마다 환경이 다를 수 있지만 컬러 인쇄는 각 교무실에 비치된 컬러 프린터를 사용합니다.

인쇄실이나 교무실에는 코팅기가 있습니다. 오래 게시해야 할 시각 게시물을 제작할 때는 코팅기를 사용하면 좋습니다.

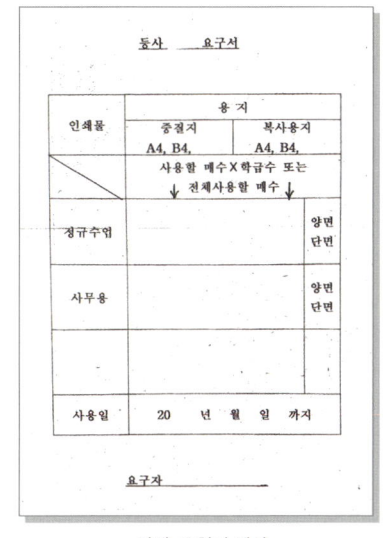

인쇄 요청서 예시

새 학기가 시작되는 3월은 복사 및 인쇄 양이 많아지는 시기입니다. 2월 새 학기 준비 기간에 미리 인쇄물을 맡기거나 직접 인쇄해두면 여유 있게 학습 인쇄물을 확보할 수 있습니다.

▶ **수업과 업무 비품 준비하기**

칠판 판서를 위한 분필과 지우개 혹은 화이트보드용 보드마커 등의 비품을 미리 준비하길 추천합니다. 각 학급 교실에는 지난해까지 사용한 수업용 분필과 보드마커가 준비된 경우도, 준비되지 않은 경우도 있기 때문입니다. 비품 상태가 좋지 않을 수도 있습니다. 일반적으로 제1 교무실로 불리는 큰 교무실에 수업과 업무를 위한 여러 비품(예: 볼펜, 플러스펜, 수정테이프, 스카치테이프, 집게, 보드마커, 분필, 칠판용 지우개, 압정, 클립, 포스트잇, 가위, 칼, 풀, 자, 색지 등)이 구비되어 있습니다.

▶ 교실 배치도 살펴두기

교실 배치도를 미리 살펴보고, 교실에 부착해두면 좋습니다. 신입생은 이동 수업이 있거나, 교과 교실제를 운영하는 학교의 경우에 학년 초 교실 장소를 헤매거나 물어보는 경우가 많기 때문입니다. 학생 지도 및 상담 때 종종 이용하는 보건실과 상담실(위클래스WEE CLASS: 학교 내에 배치된 상담실)도 잘 기억해두어 학생에게 안내해주세요.

▶ 학교 주변 문구점과 마트 알아두기

수업과 학교 행사를 준비하다 보면 급하게 수업 및 행사에 쓰일 물건을 사야 할 때가 있습니다. 이때 학교 주변 문구점을 미리 파악하고 있다면 신속하게 구입할 수 있습니다. 학교 및 학급 행사 때 구매할 수 있는 다양한 음료 및 간식 구입을 위해 학교 주변 마트도 살펴두고, 주문 예약과 배달 여부, 물건 가격대를 파악해두면 좋습니다. 학교가 주로 거래하는 문구점이나 마트가 있을 수 있으니, 행정실이나 동료 교사에게 문의하여 주 거래처로 주문하면 행정 처리가 수월할 것입니다.

02 담임 업무 익숙해지기

I. 학급 기초 세우기

학급 운영 및 경영은 학교생활 적응과 수업이 효율적으로 이루어질 수 있도록 계획·조직·조정하는 일련의 과정과 관련 활동입니다. 이 활동은 1년간 지속해서 운영해야 하는 것으로, 특히 새 학기가 시작되는 3월에 기초를 잘 세우면 효과적으로 학급을 운영할 수 있습니다. 교사는 학생을 존중하고, 학급 공동체 일원으로 직접 참여하면서 사회성을 기를 수 있도록 지도해야 합니다. 즉 학생이 학급 주체가 되어 학급이 운영될 수 있도록 준비 및 경영해줘야 합니다.

▶ 1인 1역할

학생들이 학급 집단에 기여함으로써 소속감을 고취시킬 수 있는 대표적인 방법으로 다음과 같은 학급 운영 방법이 있습니다. 주기적으로 창문을 열어 환기하고, 이동 수업 때 전기를 관리하거나 교실 출입문을 단속하고, 각종 가정통신문을 배부 및 수합하며, 친구들 칭찬을 기록하고, 교과 수업 및 과제를 SNS에 안내하는 역할 등을 아이들에게 하게 하는 것입니다. 이를 통해 아이들에게 친구들과 학급에 봉사 및 기여할 기회를 제공하고, 학급 소속감을 지니게 할 수 있습니다. 기타 1인 1역할을 제공하기에 좋은 내용은 다음과 같습니다.

- 휴대전화 및 태블릿 PC 관리팀: 휴대전화 가방 및 태블릿 PC 충전 관리
- 출석부 관리팀: 이동 수업 시 출석부에 교과 선생님 서명 받고 챙기기
- 비품 관리팀: 분필, 지우개 등 학급 비품이 떨어지지 않도록 준비하기
- 우산 관리팀: 비 온 날 우산을 가지런히 정리하기
- 안내팀: 교실 인터폰 받고 내용 전달하기
- 포토샵팀: 학급 행사 때 단체 사진을 촬영 및 편집하기
- 클로징팀: 종례 후 청소 시작 때 교실 및 복도 창문 모두 열기

▶ **청소 및 분리수거**

'깨진 유리창 이론'이 있습니다. 자동차의 작은 깨진 유리창과 같이 작고 사소한 무질서가 더욱 큰 범죄와 무질서 상태를 야기할 수 있다는 이론입니다. 사소한 무질서에 경각심을 지니고, 미리 질서 있는 상태를 유지하는 게 미래의 더 큰 범죄를 막는 데 중요한 역할을 한다는 것입니다. 학급 청소 및 정리 역시 학급에서 각종 사안이 발생할 가능성을 낮춰주고, 예방하는 데 큰 역할을 합니다. 청소 지도

▶ 1인 1역할 예시

○학년 ○반 1인 1역할(2학기)

	역 할		이름	비 고
1	특별구역 팀장			★청소 및 주번 제외★
2				
3	우리 반 수호신 타반 학생 출입 관리, 싸움이 일어나면 말리기!! 방관자 안 돼요!			
4	멀티 팀장 선생님이 요청하는 것들 도와줌			
5	행사 팀장 학급 행사 시 진행 및 정리, 발 벗고 나서서 도와줌			
6	게시물 관리 팀장 학급 게시판 정리, 환경 미화, 기한이 지난 게시물 관리			
7	유인물 팀장 유인물 조회 전 종례 전 가져오기, 유인물 안내 후 붙여놓기			
8				
9	체크 팀장 가정통신문 등 걷고 명렬표에 체크해서 제출하기(번호순으로 꼭 체크할 것!)			
10				
11	오프라인뉴스 팀장 공지, 숙제 및 수행 전달 내용 칠판에 안내			
12	온라인뉴스 팀장 공지, 숙제 및 수행 전달 내용 sns에 안내			
13	칠판 팀장 쉬는 시간 마다 칠판 지우기, 하교 시 칠판 지우기, 일주일에 한 번씩 클리너 뿌려서 칠판 깨끗하게 닦기			
14				
15	타임 팀장 결석 및 지각하는 학생 체크, 매일 선생님께 메모 제출			
16	환경 팀장 청소 도구 관리 및 분리수거 하기			봉사 5시간 매주 해야 함 ★청소 제외★
17				
18	거울, 시험 팀장 평소 거울 닦기, 시험 기간 거울 앞에 가져다 놓기, 컨사 제공은 ㅇㅇㅇ∼			
19	정보도우미 학급 PC 및 정보화 기자재 관리			1년간 지속
20	또래상담도우미 아픈 친구 및 힘든 친구 도와주기, 조퇴 시 출석부에 연필로 기재, 학급에 도움이 필요한 친구 있으면 챙겨주기			
21	비품 팀장 교탁 위에 휴지 꺼내놓기, 기자재 고장 시 문의, 물품(보드마카, 지우개, 청소 도구) 없을 때 알아서 채워놓기			
22	경호 팀장 이동 수업 시 교실 에어컨 끄기, 전등 , 문 단속 *1명은 문 잠그고 1명은 문 열기			
23	학습 멘토 친구들에게 모르는 것 알려주기, 시험 전 정보 제공			
24	우리 반 기자단	편집장 1 학급 문집 편집 도우미		
25		편집장 2 학급 문집 아이디어 도우미		
26		편집장 3 학급 문집 편집 도우미		
27		사진 팀장 체육행사, 소풍, 학급 행사 시 사진 촬영 및 선생님께 전송		
28		디자이너 학급 문집 디자인, 그림 담당		
29				
30	출석부 팀장 교과 선생님 사인 빠진 것 받아 오기, 이동 수업 시 출석부 챙기기, 주말통계확인			
31	체육 팀장 스포츠 및 체육 시간 챙기기, 스포츠 경기 시 친구들 인솔!			

열심히 한 학생에게는 ★평생 남는★ 생활기록부 기재 특권이!

는 요일별로 학생들이 나눠서 하거나, 본인 자리는 직접 쓸고 닦는 릴레이 청소, 번호순이나 별도 당번을 지정하는 등 다양한 방법으로 운영할 수 있습니다. 분리수거는 학교에서 정해진 요일과 시간에 맞춰 주기적으로 하도록 지도하면 됩니다.

▶ **학교 생활규정과 학급 규칙**

학교 생활규정과 관련된 내용은 생활안전부 등 담당 부서를 통해 안내받을 수 있습니다. 등교 시간 및 지각 처리 기준, 용의 및 복장 등 담임교사로서 자주 질문 받거나 지도해야 하는 부분은 미리 숙지해 두고, 생활규정 안내문을 크게 인쇄하여 교실 뒤쪽에 부착하여 아이들이 쉽게 볼 수 있도록 해둡니다.

학교 생활규정과 별도로 학급 규칙을 정하여 운영하는 것은 학급 구성원 전체가 공동 질서 체계에 적응하고 성장할 기회를 제공하고, 학생들에게 심리적 안정감과 소속감을 느끼게 합니다. 신뢰를 바탕으로 서로 존중할 수도 있습니다. 단, 민주·자주적으로 참여해야 하

학생들이 학급 규칙을 정하는 과정 모습

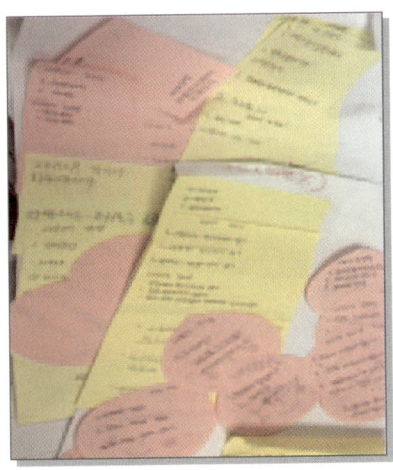

학생들이 직접 만든 학급 규칙 게시

며, 교사가 규칙을 '지속적으로 일관성을 갖고 반복적으로 적용'해야 효과적입니다. 학급 규칙은 5개가 넘지 않도록 하고, 3월 안에 지정하여 꾸준히 운영하는 게 규칙을 지키기에도 운영하기에도 적절합니다. 담임교사는 정기적으로 학급 규칙이 잘 지켜지는지 점검 및 격려해야 합니다. 학급 규칙에는 다음과 같은 내용이 포함될 수 있습니다.

> **학급 규칙 예시**
>
> - 교실에서 고운 말 사용하기
> - 교실 뒤편에서 심한 장난 및 공놀이 하지 않기
> - 친구 자리에 앉을 때는 미리 허락받고 깨끗하게 사용하기
> - 학급 비품을 소중하게 사용하기
> - 수업 중 화장실 갈 때, 교실 출입문 닫고 나가기

민주적인 학급 규칙 세우는 방법

- 작년 학교(또는 지난 학교)에서 나를 힘들게 한 것을 포스트잇에 구체적으로 적기
- 칠판에 의견을 한데 모아 붙인 후에 비슷한 것끼리 분류하고 정리하기
- 내용을 살피며 문제점이 무엇인지, 어떻게 해결하면 좋을지 방법 논의하기
- 필요한 규칙 제정하기. 이 과정에서 교사 개입이 필요하다면 적극 개입하여 지도할 것
- 학생 모두 학급 규칙에 동의하는 의미로 한 명씩 서명 받고 잘 보이는 위치에 게시하기

규칙을 세울 때 유의 사항

- 규칙을 제정할 때, 제정 목적을 꼭 함께 논의해야 올바른 방향으로 만들 수 있습니다.
- 규칙을 어기면 벌을 받아야 한다는 식의 의견이 나올 수 있습니다. 그러나 벌을 통해 지나친 수치심을 주는 건 지양해야 한다고 사전에 안내합니다. 규칙을 세우는 목적은 벌을 주는 게 아니라 모두 안전하고 안정적으로 생활하기 위한 것이며, 규칙을 어겼을 시 수치심을 느끼도록 하는 것보다는 반성하도록 독려하는 게 필요하다고 지도합니다.

2. 조회와 종례

하루를 시작하는 조회 시간은 주로 지각 및 결석 등 출결을 확인하고, 수업 변동과 해당 주의 중요 일정을 공지하는 시간으로 사용됩니다. 학생들과의 관계를 쌓아갈 수 있는 소중한 시간이기도 합니다. 교실에 입실하여 학생들에게 밝은 표정으로 인사한 후, 학생들 표정과 달라진 면이 있는지 확인해보세요. 많이 피로해 보이거나, 머리

스타일을 새롭게 바꾸었거나 그날따라 유독 즐거워 보이는 학생에게 관심을 표현하면 학생들과의 관계가 더욱 돈독해질 수 있습니다.

담임교사가 자주 지각하여 교실에 늦게 입실한다면 학급 지각생 수는 금세 늘어날 수 있습니다. 학생들 등교 전에 교실에 입실하여 학생들을 맞이해주길 권합니다. 학급 학생들과의 관계를 형성하고 아침에 활력과 기운을 불어넣기 위해 다양한 활동을 할 수도 있습니다. 요일별이나 주별로 테마를 정하여 알찬 시간을 보낼 수 있습니다. 예를 들면 심리테스트, 예술 명작 감상하기, 〈지식채널e〉와 같은 교육적으로 유익하고 학생들이 흥미를 둘 만한 영상 시청, 영어 단어 및 영어 회화 암기 활동을 할 수 있습니다.

하루를 정리하는 종례 시간에는 주로 다음 날 일정 확인과 준비해야 할 내용 안내, 각종 가정통신문 및 유인물 배부가 이뤄집니다. 6교시 혹은 7교시까지 수업받은 아이들 입장에서 피로가 제법 쌓이는 시간입니다. 따라서 종례는 최대한 짧게 마무리하고 귀가 지도하고, 매우 중요하여 당일 전달되어야 하는 유인물이 아니라면 다음날 조회 시간에 여유 있게 배부하며 학생들과 내용을 살펴보도록 합니다. 학급 SNS 공간에서 중요 내용을 요약 및 안내하는 것도 효과적인 지도 방법입니다.

3. 아이들과 친분 쌓기

학생들 성향과 교우관계 파악을 위해 별도 시간을 내서 상담하기도 합니다. 상담하며 평소 말하기 어렵던 깊은 속마음을 듣고, 파악할 수도 있지만 일상에서 아이들 성향을 파악하고, 친분을 쌓을 수도 있습니다. 쉬는 시간과 점심시간에 교실에 자주 입실하여 아이들을 '관찰'하는 것입니다. 시간 날 때마다 아이들을 관찰하다 보면 교우관계나 습관, 학업 준비 태도 등 성향과 학교생활 적응 상태를 금세 파악 및 확인할 수 있습니다. 신규교사는 아이들을 마주하는 데 두려움을 지닐 수도 있지만, 교실에서 아이들과 함께하는 시간을 늘리다 보면 익숙해지고, 두려움에서 차차 벗어날 수 있을 것입니다. 교탁 앞이나 아이들 책상 앞에 가만히 서 있기만 해도 교사 주변으로 아이들이 모이고, 말을 걸어올 수 있습니다. 점심시간에 아이들과 보드게임(젠가, 할리갈리 등)을 하는 것도 추천합니다. 아이들 말에 호응하고, 미소 짓고, 아이들 이름을 자주 불러주면 교사와 학생 간 거리가 가까워지며 자연스럽게 친분이 쌓입니다.

4. 학부모와 관계 형성하기

학부모와 교사는 학생의 성장을 위해서 반드시 함께 노력해야 하는 교육 파트너입니다. 학부모의 신뢰를 받는다면 든든한 협력자이자 지원자를 얻게 되는 셈입니다. 중요한 것은 바로 소통입니다. 학부모의 마음을 얻고, 신뢰를 얻을 수 있는 가장 좋은 소통 방법은 '눈높이 배려'로 학부모의 생각을 이해하고 공감하는 것입니다.

▶ **학부모 대화방 개설 및 안내**

카카오톡과 같은 SNS를 활용하여 소통하는 것은 학부모에게 만족과 안심을 주는 방법입니다. SNS로 학교에서의 크고 작은 일과 이번 주 혹은 다음 주에 예정된 일정 안내, 각종 공지 사항을 안내할 수 있습니다. 연초에 가정통신문으로 '학부모 대상 학급 단체 채팅방' 개설 여부를 확인한 뒤, 개설에 동의한 학부모에 한하여 초대 및 운영하면 됩니다.

운영의 장점

학부모에게 자녀의 학교생활 모습을 보여줄 수 있습니다. 학부모가 가장 궁금해하고 관심을 둔 부분은 자녀가 학교에서 어떤 모습으로 생활하는지에 관한 것입니다. 아이들 모습을 사진과 영상으로 공유할 수 있습니다. 물론 사진과 영상은 아이들 초상권과 관련하여 신중하고 유의해야 하는 콘텐츠입니다. 채팅방을 개설할 때 개설 목적과 취지를 명확하게 안내하며, 아이들 초상권과 관련하여서도 동의받고 유의 사항을 안내하고 공유해야 합니다.

가정과의 협조 지도가 원활해집니다. 생활지도는 물론 회신서 및 설문조사지 수합 등 학생들이 놓치고, 깜박하고 가져오지 않는 부분을 학부모의 지원과 도움으로 단기간에 해결할 수 있습니다.

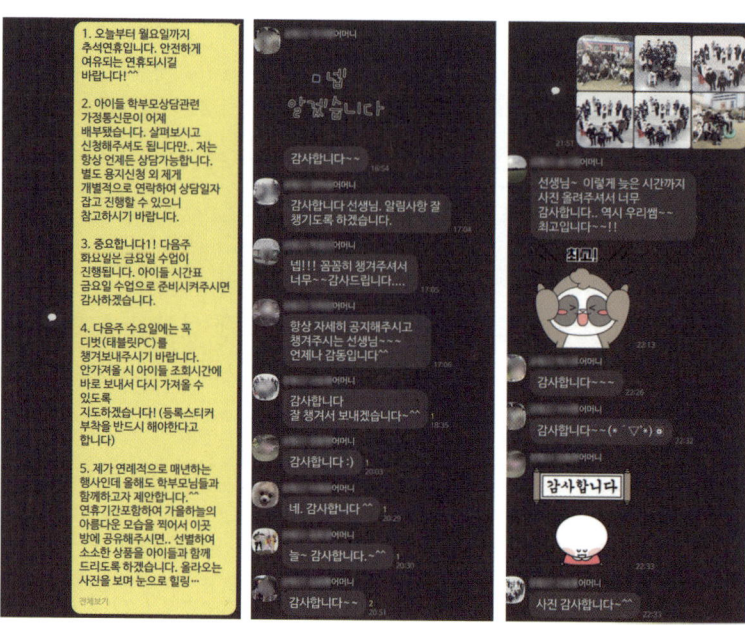

학부모 대상 학급 단체 채팅방 운영 예시

> 유의점

학생의 개인적인 일이나 불미스러운 일로 학부모의 안내 및 협조를 구할 때는 단체 대화방이 아닌 개별적으로 연락해야 하며, 이와 관련된 공지도 사전에 학부모에게 안내해야 합니다. 이런 부분은 연초 배부하는 학부모 대화방 개설 여부 안내 통신문에 함께 안내해두면 됩니다. SNS는 교사와 학부모 사이에 유대와 신뢰를 쌓고 틈틈이 소통을 유지할 수 있는 좋은 도구지만, 학생이나 학부모, 교사 모두에게 갈등의 진원지가 될 수 있음을 유의해야 합니다.

▶ 학부모 총회

학부모 총회는 주로 3월 둘째 주에 이뤄지며, 1년을 함께 생활할 아이들 담임교사와 학부모들이 공식적으로 대면하는 자리입니다. 담임교사와 학부모가 긍정적인 유대 관계를 형성할 좋은 기회고, 담임교사가 학부모를 통해 아이들을 좀 더 잘 파악할 수 있는 귀한 시간이기도 합니다.

학부모 총회에서는 교사의 진심을 전하는 게 중요합니다. 학부모 총회를 어떻게 준비하느냐에 따라 이후 학부모들과 관계가 좋을 수도, 어려워질 수도 있습니다. 간혹 학부모들은 신규교사가 담임을 맡는 것을 염려할 수도 있기 때문에, 교사는 충분한 준비와 자신감 있는 태도로 학부모에게 신뢰를 줄 필요가 있습니다. 교사의 가치관, 연간 학급 운영 계획, 학생 지도 방향, 전반적인 학사일정, 출결 관리, 학교 규정, 봉사활동 시간 등의 내용을 차분하게 안내합니다. 마지막으로 1년 동안 학급을 운영하는 데 있어 학부모의 협조가 중요하다는 점을 강조하며 반갑게 인사합니다.

▶ 학부모 상담

학부모 상담 주간에는 많은 학부모가 학교에 방문하여 담임교사와 상담합니다. 수업이 없는 시간 혹은 방과 후 시간이나 주말에 별도의 시간을 내어 대면 상담하거나 전화 상담하기도 합니다.

학부모 상담 때 담임교사는 정보나 지식을 학부모에게 알려주려는 강박을 버리고 학생에 관한 질문을 준비하면 됩니다. 학부모 상담

학부모 총회 자료 예시

▶ 상담 일정표 예시

다음주 상담 일정표

	월	화	수	목	금
1교시 09:00~09:45	201		201		202
2교시 09:55~10:40	202	202		202	201
3교시 10:50~11:35		203	203	201	
4교시 11:45~12:30	204			203	203
5교시 13:30~14:15	203	204	204	204	
6교시 14:25~15:10		201	202		204
7교시 15:20~16:05					
방과후					

*숫자가 적힌 부분은 수업 시간입니다. 숫자가 없는 부분 1칸당 두 분씩 상담 가능합니다(25분씩).

은 학부모가 담임교사로부터 학생에 대한 정보를 얻는 자리이기도 하지만, 반대로 교사가 학부모로부터 학생을 이해하기 위한 다양한 정보를 얻을 수도 있는 자리이기 때문입니다. 학생에 대한 칭찬이나 가벼운 유머로 시작하여 부드러운 눈빛과 친절한 어투로 상담을 진행하면 됩니다. 학부모를 청소년 교육의 전문가로서 존중하는 태도로 이야기를 잘 듣고 질문하며, 학부모의 요청에는 성심성의껏 답합니다. 미리 상담 시간표를 작성하여 학부모에게 공유 및 안내하면 일정 조율에 효과적입니다.

5. 학급 준비 및 운영하기

▶ 학급 비상 연락망

학기 초에 담임교사가 필수로 작성하는 것 중 하나가 학급 비상 연락망입니다. 학생들에게 자기 연락처와 부모 연락처를 직접 작성하게 한 후, 이를 보고 다시 입력하는 것보다는 휴대전화를 이용하여 작성하는 걸 추천합니다. 이 방법으로 작성하면 한 부모 가정인 경우 전체 공개 없이 담임교사만 확인할 수 있습니다.

문자 메시지

교사의 연락처를 큰 화면에 공개한 후, 그 번호로 다음과 같은 내용의 문자를 전송하도록 지도합니다. [대한중24 김민국] 문자가 도착하면 내용을 복사하여 주소록 이름 작성란에 붙여 넣어 연락처를 저장하면 쉽게 휴대전화에 아이들 연락처를 등록 및 저장할 수 있습니다. 학부모 연락처도 동일한 방법으로 저장하면 됩니다.

구글 주소록

학급 비상 연락망은 학생과 학부모(아버지, 어머니 혹은 보호자) 모두 작성하여 제출하게 됩니다. 아이들이 종이에 직접 작성한 숫자 형태가 다소 혼란을 줄 때도 있고, 이것을 모두 직접 다시 키보드로 작성하는 데는 시간이 오래 소요될 수 있습니다. 이때 구글 주소록 혹은 네이버 폼 등을 활용하여 내용을 쉽게 기록하고, 작성할 수 있습니다. 포털 사이트에서 '비상 연락망 만들기'로 검색하면 짧은 시간에 쉽게 제작할 수 있는 방법을 알 수 있습니다. 비상 연락망 내용을 기록할 수 있는 주소 URL을 학급 단체방이나 문자로 전송하여 아이들이 작성할 수 있도록 지도하면, 학급 비상 연락망을 쉽게 제작할 수 있습니다.

구글 주소록 학생 비상 연락망 작성 예시

▶ 학급 단체 대화방

2020년부터 원격수업이 시작되면서 학급마다 SNS를 활용한 학급 단체 소통 창구 개설·운영 사례가 많아지고 있습니다. 이러한 온라인 공간에서 교사는 학생들에게 학급 중요 공지사항이나 설문 참여를 안내하고, 학생들은 질의하고 이에 대한 답을 받을 수 있습니다. 학급 단체 사진을 공유할 수도 있고, 재미있는 학급 행사를 진행할 수도 있습니다.

교사는 학급 단체 대화방 개설 전에 반드시 다음 사항을 충분히 학생들에게 교육한 후 운영해야 긍정적인 교육 공간으로 활용할 수 있습니다. SNS는 아이들에게 유용한 공간일 수도 있지만 문제의 근원지가 될 수도 있기 때문입니다.

교사 개인정보가 노출되길 원치 않는다면 오픈채팅방을 이용할 수 있는데, 이때 아이들이 본인 이름으로 아이디를 설정 및 참여토록 지도해야 학생을 식별할 수 있습니다.

학부모를 대상으로 단체 대화방을 개설하는 경우에도 이와 마찬가지로 운영하면 됩니다. 학급 외 외부인의 참여를 막고자 하는 경우에는 대화방 '참여 코드'를 생성하고, 안내하면 효과적으로 운영할 수 있습니다.

일부 학생이 다른 학생 이름을 사칭하여 채팅방에 들어와 욕설 및 폭언하고 채팅방에서 나가는 사례가 종종 발생하니 이에 대한 주의와 지도가 필요합니다.

학급 단체 대화방 규칙

- 공적인 공간으로, 개인적인 대화는 하지 않기
- 늦은 밤에는 글 작성을 지양하고, 꼭 필요한 경우에만 작성하기
- 학급 사진은 초상권 문제가 발생하지 않도록 다른 곳에 공유하지 않기
- 욕설, 비방, 폭력적이거나 음란한 내용 혹은 파일은 절대 업로드하지 않기
- 도움을 요청하여 받았다면, 고마움을 표현하기

03 교과 및 담당 업무 익숙해지기

I. 무엇보다 수업

신규교사에게 담임 업무와 부서 담당 업무, 교과 업무 등의 업무가 한 번에 몰리기도 합니다. 이때 교사는 무엇보다 수업을 최우선으로 준비해야 합니다. 교사로서 가장 중요한 본연의 업무는 학습 공간에서 학생들과 수업하는 것입니다. 수업은 흔들려서는 안 되는 교사의 직무이자 목표입니다. 교사로서 품격 있는 권위를 지니고 지키는 것도 오로지 수업을 진행하며 가능한 부분입니다.

수업을 발전시킬 방법으로 각종 교과 관련 직무연수 수강, 교과 관련 교원 학습 공동체 가입 및 활동, 온라인에서 교과 관련 정보를 얻는 것 등이 있습니다. 이 외에 재직하는 학교에 있는 동료 및 선배 교사도 도움이 될 수 있습니다. 같은 학교 교사들 수업을 참관하고, 묻고, 배우길 추천합니다. 같은 교과목이 아니더라도 수업을 운영 및 지도하는 방법, 학생과 소통하는 방법을 배울 수 있습니다. 다른 학교 교사의 수업을 참관하는 것도 추천합니다. 수업 참관과 관련된 공문을 잘 확인하여 기한 내 신청 및 참관하면 됩니다. 그다음에 보고 들으며 얻은 내용과 방법을 선생님이 재구성하여 본인에 맞게 적용·실행해야 합니다. 예상과 달리 어려움을 겪을 때는 문제점을 찾고 연구하여 다시 실행해야 합니다.

2. 학습 준비물 품의

수업 준비·진행을 위한 학습 준비물이 필요한 경우가 있습니다. 학습 준비물은 교과별 책정된 예산 내에서 구입을 요청할 수 있습니다. 일반적으로 교과 예산은 '교육연구부'에서 담당합니다. 학습 준비물 구입을 위한 품의서[*] 작성은 품의를 담당하는 교원에게 부탁하거나 교사 본인이 직접 작성하여 결재를 요청합니다. 학습 준비물을 구입하는 방법은 다음과 같습니다. 온라인 쇼핑몰에 학교 계정으로 로그인한 뒤, 원하는 품목을 장바구니에 담고, 품의와 결재를 차례로 요청합니다. 결재를 득하면 이후 행정실 PC에서 직접 결재하여 준비물을 구입 완료합니다. 교사가 행정실에서 신용카드를 받아서 주변 문구점에서 직접 구입·결제할 수도 있습니다. 행정실에서 신용카드를 받아서 물품을 구입하고 영수증을 챙겨서, 행정실에 카드를 반납할 때 함께 제출합니다. 영수증을 분실했다면 물품 구입처에서 영수증을 재발행하여 행정실에 제출하면 됩니다.

---

[*] 일의 집행을 시행하기 전에 결재권자에게 사안을 승인 및 요청하는 문서로, 업무관리시스템 내 K-에듀파인에서 작성할 수 있습니다.

3. 복무

교원은 '국가공무원 복무규정'에 따라 근무합니다. 이중 근무시간 외 휴가와 초과근무 등 학교 현장에서 자주 접할 수 있는 복무 종류와 신청 과정은 다음과 같습니다.

▶ **복무 상황 신청 방법과 과정**

조퇴나 출장 등 교사 개인 근무 상황을 신청할 때는 '나이스(NEIS: 교육행정정보시스템)' 프로그램으로 전자결재를 받으면 됩니다. 결재선은 근무 상황 종류에 따라 각 학교에 따라 조금씩 다르기 때문에 소속 학교의 결재선을 확인하여 기안하고, 결재받으면 됩니다.

개인 근무 상황 신청은 '나이스' 프로그램 → 왼쪽 메뉴 중 '나의 메뉴'→ '복무'→ '개인 근무 상황 신청'을 차례로 클릭한 후, 마지막으로 [신청]을 클릭하면 됩니다.

그 후 팝업되는 화면에서 '근무 상황의 종류'를 선택하고 '소분류 선택'을 하고 다음 기간, 연락처, 목적지, 사유 또는 용무 내용을 작성하고 [승인요청]을 클릭하면 됩니다.

[승인요청]을 클릭하여 '기안 문서 상신' 팝업 화면이 나오면, 결재자 지정을 클릭하고, 지정된 결재자(교감, 교장 등)를 조회하여 더블 클릭하여 결재선으로 끌어옵니다. 이후 [닫기]를 클릭합니다. 결재 경로를 확인하고, 근무 상황 기간 및 목적지도 확인하고, 마지막으로 [상신]을 클릭하면 복무 상황 신청이 완료됩니다.

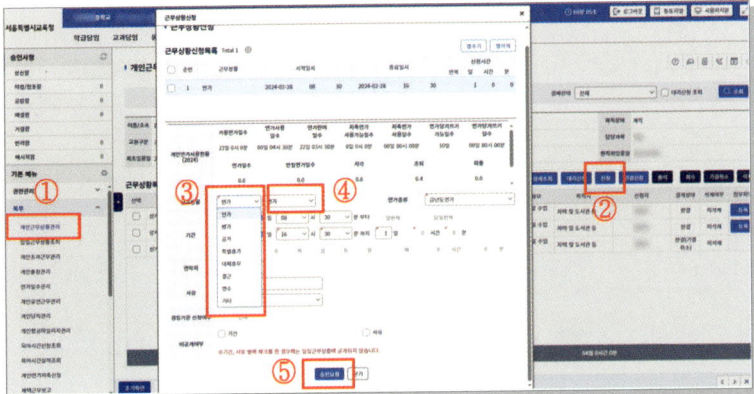

근무 상황 신청

'기안문서 상신' 팝업 화면이 나오면 결재자 지정 클릭

2장 | 학기 초에는 무엇을 할까?   077

결재자 조회 및 더블 클릭하여 결재선으로 끌어옴

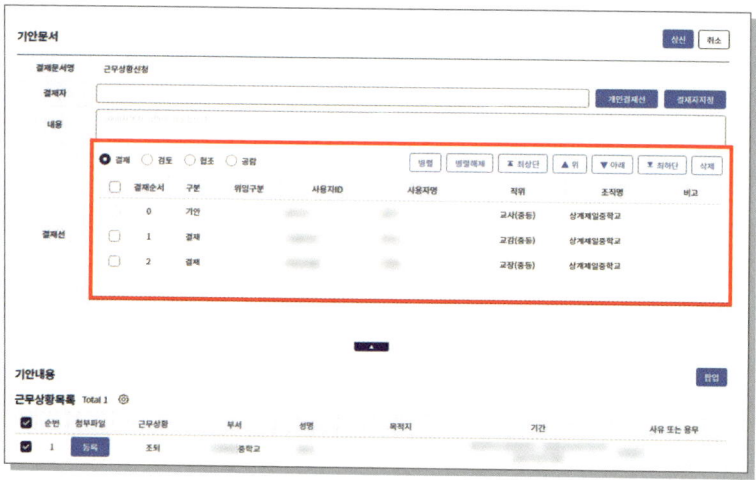

결재자를 결재선에 추가

결재 경로와 근무 상황 기간 및 목적지 확인하고 [상신] 클릭

▶ 복무의 종류

1. 지각, 조퇴, 외출, 반일 연가, 연가

개인 용무로 인하여 출근 시간이 늦거나 일찍 퇴근하고자 하는 경우, 근무 중 잠시 자리를 비울 경우입니다. 반일 연가는 4시간 이상 자리를 비울 경우에 해당합니다. 복무를 제대로 상신 및 결재받지 않은 상태에서 문제가 생긴다면 근무지 이탈로 징계를 받을 수도 있습니다. 연가는 일반 직장의 경우 직원에게 1년 내 일정 기간 휴식을 제공하는 유급 휴가와 같습니다. 그러나 교원의 연가는 수업 및 교육활동 등을 고려하여 특별한 사유가 없는 한 수업 일을 제외하여 연가를 실시해야 하며 재직 기간별로 연가일수도 다릅니다. 자세한 내용

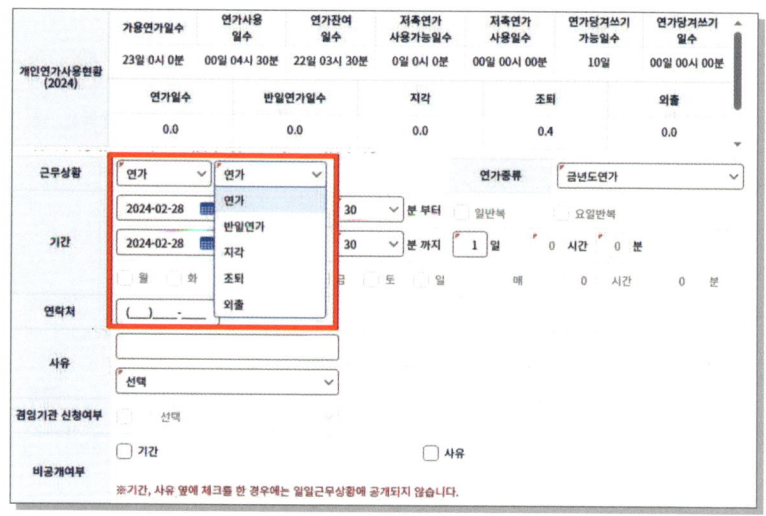

연가 신청

은 '교원휴가업무처리요령'에서 확인할 수 있습니다.

2. 병지각, 병조퇴, 병외출, 반일 병가

지각, 조퇴, 외출과 비슷한 복무이지만 질병으로 인한 연가입니다. 질병이나 부상으로 인하여 직무 수행이 어려운 경우 혹은 코로나19와 같이 전염병에 걸린 경우에 해당합니다. 60일 한도로 사용할 수 있습니다. 공무 수행 중에 발생한 질병이나 부상인 경우에는 '공무상 병가'를 사용할 수 있고, 이때는 180일까지 사용할 수 있습니다. 학급에서 일어난 일로 인하여 정신적 피해를 받아 공무상 병가가 인정된 사례가 있기도 합니다.

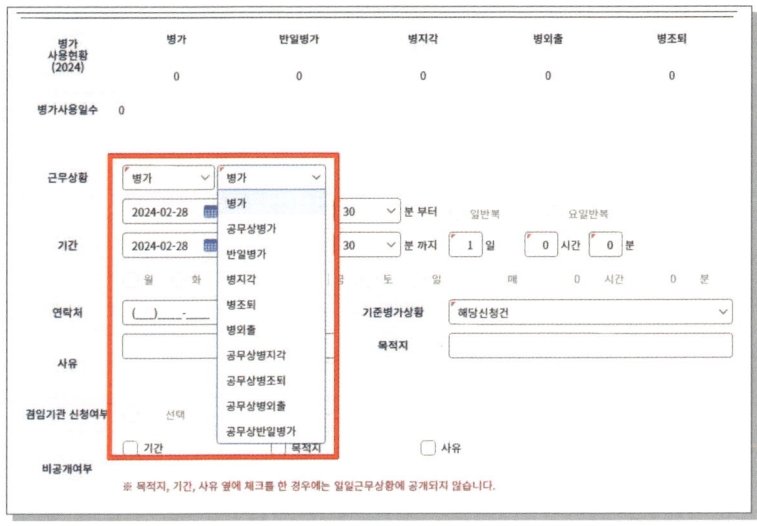

병가 신청

3. 교육공무원법 제41조 연수

방학이나, 학교 재량 휴업일에 신청할 수 있는 연수입니다. 학교로 출근하지는 않지만 연수 기관 및 근무 장소 이외에서 연수하게 될 경우에 절차에 따라 신청하면 출근한 것과 같이 복무를 인정해 주는 것입니다. 교육공무원법 법령은 다음과 같이 정의하고 있습니다.

제41조(연수기관 및 근무 장소 외에서의 연수)
교원은 수업에 지장을 주지 아니하는 범위에서 소속 기관의 장의 승인을 받아 연수기관이나 근무 장소 외의 시설 또는 장소에서 연수받을 수 있다.

[전문개정 2011.9.30 / 시행일 2012.1.1]

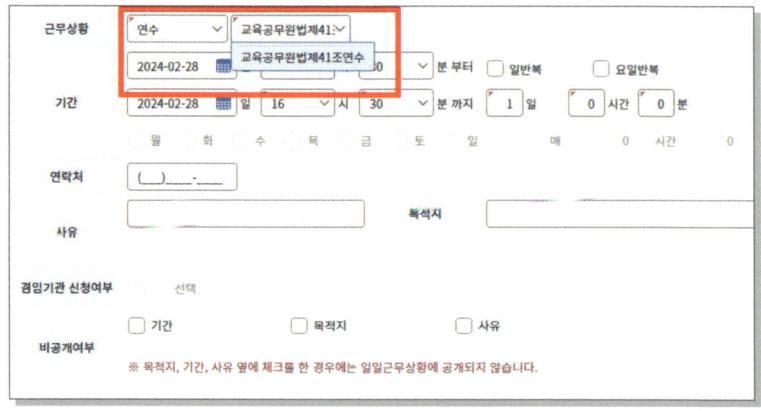

교육공무원법 제41조 연수 신청

따라서 교원은 이 기간을 지난 교육 활동을 정리하고, 향후 교육 활동을 준비하는 시간으로 보내시면 됩니다. 방학 중 해외여행을 가고자 하는 경우에는 동일하게 교육공무원법 제41조 연수 내 사유 또는 용무에 '국외자율연수'로 작성한 후 국외자율연수 계획서를 작성하여 상신하면 됩니다.

4. 공가

국가기관의 업무 수행에 협조하거나 법령상 의무의 이행이 필요한 경우에 부여받는 휴가로 승진·전직 시험에 응시할 때, 천재·지변·교통 차단 등 기타 사유로 출근이 불가능할 때, 「병역법」 기타 다른 법령에 의한 징병 검사·소집·검열점호 등에 응하거나 동원 또는 훈련에 참가할 때 등에 해당됩니다. 자세한 내용은 '교원휴가업무처리요령'에서 확인할 수 있습니다.

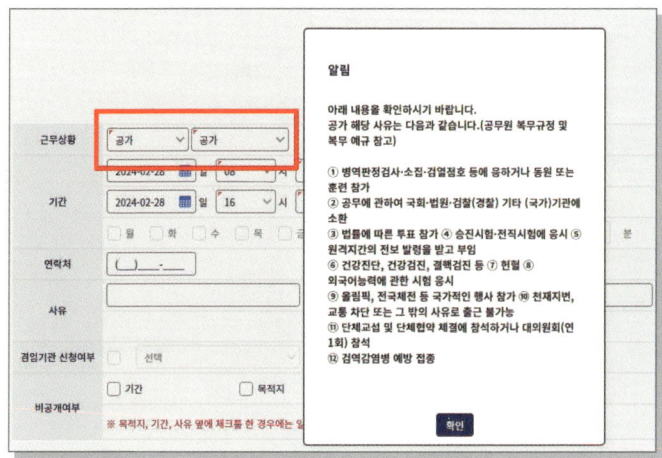

공가 신청

5. 특별 휴가

결혼이나, 입양, 출산과 같은 경조사에 특별 휴가를 사용할 수 있습니다. 경조사별 휴가 일수는 다음과 같습니다.

▶ 특별휴가 일수

구분	대상	일수
결혼	본인	5
	자녀	1
출산	배우자	5
사망	본인 및 배우자의 부모	5
	본인 및 배우자의 조부모·외조부모	2
	자녀와 그 자녀의 배우자	2
	본인 및 배우자의 형제·자매	1
입양	본인	20

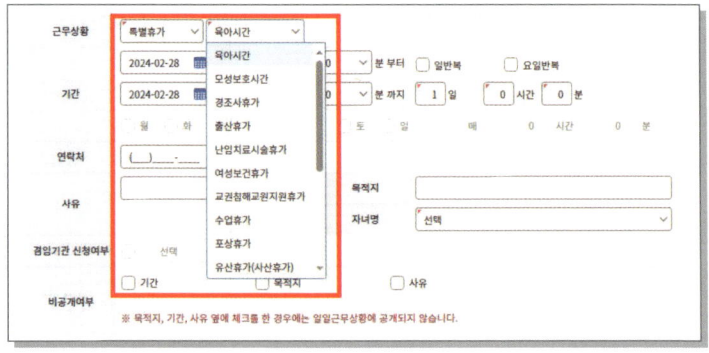

특별 휴가 신청

그 밖에 대표적인 특별 휴가는 다음과 같습니다.
- 출산 휴가: 임신하거나 출산한 교원에 대하여 출산의 전후를 통하여 90일의 출산 휴가 가능, 출산 전 휴가 기간이 45일을 초과할 수 없음.
- 모성보호 시간: 임신 중인 여성 공무원으로서 임신 후 12주 이내에 있거나 임신 후 36주 이상에 해당하는 공무원은 1일 2시간의 범위에서 휴식이나 병원 진료를 위해 받을 수 있음.
- 육아 시간 : 생후 1년 미만의 유아를 가진 여자 교원은 1일 1시간의 육아시간을 얻을 수 있음.

그 밖에 더 자세한 내용은 '교원 휴가 업무 처리 요령'에서 확인할 수 있습니다.

▶ **개인 출장의 신청 방법과 과정**

개인 출장을 신청할 때도 '나이스' 프로그램을 통해 전자 결재를 받으면 됩니다. 개인 출장 관리 신청은 '나이스' 프로그램 → 왼쪽 메뉴 중 '기본 메뉴' → '복무' → '개인출장관리'를 차례대로 클릭한 후에 마지막으로 [신청]을 클릭하면 됩니다. 그리고 나서 팝업 되는 화면에서 '근무상황의 종류'를 선택하고, '소분류선택'을 마친 후에 기간, 연락처, 목적지, 사유 또는 용무 등의 내용을 작성하고 [승인요청]을 클릭하면 됩니다.

1. 국내 출장(관내)

교사가 지역 교육지원청이 다른 학교를 방문하거나, 야외 체험학습이나 방과 후에 학교 외의 장소에서 학생을 지도하기 위해 소속된 시·도 내 재직 학교 외의 장소로 나가 근무할 때 해당됩니다. 출장 시간이 4시간 미만인 경우에는 1만 원, 4시간 이상인 경우에는 2만 원의 출장비가 지급됩니다. 단, 외부 강의와 같이 강의료를 받는 출장의 경우에는 출장비가 지급되지 않는 '여비 부지급'을 체크합니다.

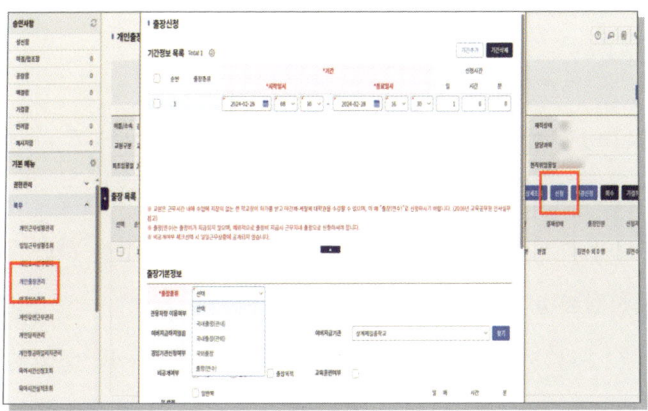

출장 신청

관내 출장 신청

2. 국내 출장(관외), 국외 출장

관외 출장은 근무 소재지 이외의 다른 시·군·섬이나 외국으로의 출장이나 여행 거리가 왕복 12km 이상인 경우입니다. 근무지 내 국내 출장과 차이가 있기 때문에 여비도 다르게 지급됩니다.

3. 개인 초과근무

야간 및 주말 학부모 상담, 야간 자율학습지도, 방과 후 학생 생지도, 소규모테마형교육여행(수학여행) 중 야간 학생 지도, 주말 전국규모대회의 학생 인솔 및 지도 등 근무 시간 외에 업무를 하면 초과근무를 신청하고, 수당을 지급받을 수 있습니다. 1일 1시간 이상 초과근무 시 1시간 공제되고 남은 시간을 초과근무로 산정하여 수당이 지급됩니다. 최대 4시간까지 신청할 수 있습니다(예: 5시간 초과근무

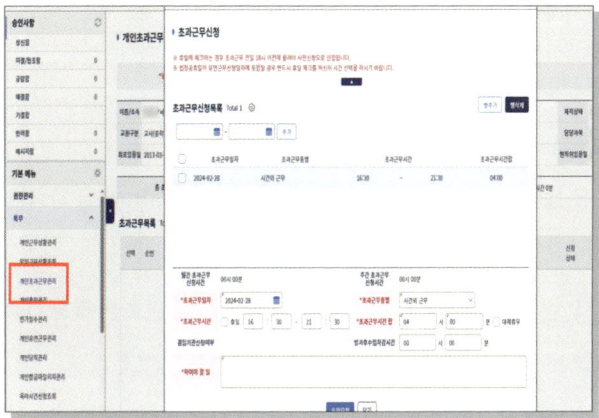

개인 초과 근무 신청

시 1시간 공제된 4시간이 초과근무로 인정됩니다).

4. 나이스와 업무관리시스템

기안문은 담당 업무나 행사를 추진하기 전에 결재를 얻기 위해 실무 담당자가 최초로 작성하는 문서를 말합니다. 다음 몇 가지 원칙과 요령을 습득하여 업무 담당자로서 기안문을 잘 작성해 보세요.

▶ 문서 등록대장

기안문을 가장 쉽고 효율적으로 작성하는 방법은 직전 연도 업무 담당자가 작성한 기안문을 '문서 등록대장'에서 찾고, 그 기안문 내용을 참고하여 날짜와 세부 내용을 변경하여 작성하는 것입니다.

※ 검색하여 찾은 기안문의 본문은 [본문복사]를 클릭해서 복사해야 합니다. Ctrl+C와 Ctrl+V 복사는 허용되지 않습니다.

▶ 공문서 작성

기안문을 포함한 공문서 작성 시 원칙과 요령은 다음과 같습니다.

① 글자: 한글로 작성하되 필요시 외국어와 한자를 괄호 안에 병기할 수 있습니다. ○, □, * 등과 같이 특수문자 표기는 허용됩니다.
② 내용: 결재자가 한눈에 내용을 알아볼 수 있게 간결히 작성합니다.
③ 마침표와 '끝'표시: 문장의 맺음에 마침표를 사용합니다. 본문 내용이 모두 끝났을 때는 2타를 띄고 '끝.'을 씁니다. 붙임 파일이 있을 때도 2타를 띄고 '끝.'을 작성하며, 내용이 표 작성으로 완료될 때는 표 아래 줄에 2타를 띄고 '끝.'을 작성합니다.

본문의 내용이 모두 끝났을 경우	~하여 주시기 바랍니다.∨∨끝.		
붙임 파일이 있을 경우	붙임 1. 붙임파일(1)이름 1부. 2. 붙임파일(2)이름 1부.∨∨끝.		
표 작성으로 마치는 경우	연번	이름	소속
	1	김○○	○○중
	2	박○○	○○고
	∨∨끝		

④ 날짜: 숫자로 작성하며, 년·월·일은 온점으로 표시합니다.
   예) 2022. 11. 12.(수)
⑤ 시간: 24시간제에 따라 숫자로 표시하며 쌍점으로 구분합니다.
   예) 09:00~12:30

⑥ 기간: '～'을 사용합니다.

　예) 2022. 03. 02(월)～05. 09(금)

⑦ 첨부물: 문서에 첨부 자료가 포함될 때는 본문이 끝난 줄 다음에 '붙임' 표시하고 첨부물 명칭과 수량을 쓰며, 첨부물이 두 가지 이상이면 항목을 구분하여 표시합니다.

예시1	(본문) ～～～ 하여 주시기 바랍니다. 붙임∨∨ㅇㅇㅇ계획서 1부.∨∨끝.	붙임∨∨ㅇㅇㅇ계획서 1부.∨∨끝.
예시2	(본문) ～～～ 하여 주시기 바랍니다.	붙임∨∨1.∨ㅇㅇㅇ계획서 1부. 2.∨ㅇㅇㅇ가정통신문 1부.∨∨끝.

⑧ 쌍점: 왼쪽은 붙이고, 오른쪽은 한 칸을 띄웁니다.

　예) 관련: 학교 교육 계획서 2022

⑨ 금액: 아라비아숫자를 사용하고, 숫자 다음 괄호 안에 한글로 기재합니다.

　예) 금 123,400원(금 일십이만 삼천사백 원)

⑩ 항목: 문서 내용이 두 개 이상의 항목으로 구분될 경우 다음과 같이 그 항목을 순서대로 표시합니다.

▶ 항목 기호 예시

구분	항목 기호
첫째 항목	1., 2., 3., 4., ～
둘째 항목	가., 나., 다., 라., ～
셋째 항목	1), 2), 3), 4), ～
넷째 항목	가), 나), 다), 라), ～
다섯째 항목	(1), (2), (3), (4), ～
여섯째 항목	(가), (나), (다), (라), ～
일곱째 항목	①, ②, ③, ④, ～
여덟째 항목	㉮, ㉯, ㉰, ㉱, ～

▶ 기안문 작성 예시

"함께 성장하고, 배우는 교육" ○○교육지원청	
수신 (경유)	
제목	생활기록부 담당 교육 대상자 참석 협조 안내

1. 관련: 중등교육과-1234(2022. 10. 13.)
2. 소속 학교 생활기록부 담당 교육 대상자를 다음과 같이 안내하오니 해당자가 참석할 수 있도록 협조하여 주시기 바랍니다.
ᆫᆫ가. 일시: 2022. 12. 23.(금) 13:00~15:00
ᆫᆫ나.ᆫ장소: ○○교육지원청(본관 3층) 세미나실
ᆫᆫ다.ᆫ대상: [붙임] 참조
ᆫᆫ라.ᆫ기타
ᆫᆫᆫᆫ1)ᆫ개인용 GPKI인증서 지참
ᆫᆫᆫᆫ2)ᆫKF-94이상 마스크 착용
ᆫᆫ마.ᆫ일정

시간	내용	비고
09:50~10:00	참석자 등록	
10:00~14:30	연수	
14:30~15:00	질의응답	

붙임ᆫᆫ생활기록부 담당 교육 대상자 명단 1부.ᆫᆫ끝.

※ 참고: 기안문 작성 중 '관련'은 어떤 공문 및 사업과 관련이 있는지를 뜻합니다. 해당 공문 문서 번호 및 날짜를 찾아 작성하면 됩니다.

▶ K-에듀파인 기안문

K-에듀파인은 시·도교육청과 유·초·중등학교 70여만 명 교직원의 행정 업무와 재정 업무를 전자 처리 및 지원하는 지방 교육행·재정 통합 시스템입니다. 기안문 작성 절차는 다음과 같습니다.

① 업무 관리→문서 관리→공용 서식→표준 서식을 선택합니다. 결재 및 협조 라인의 인원 수에 따라 선택합니다.
② 결재 정보를 입력합니다.

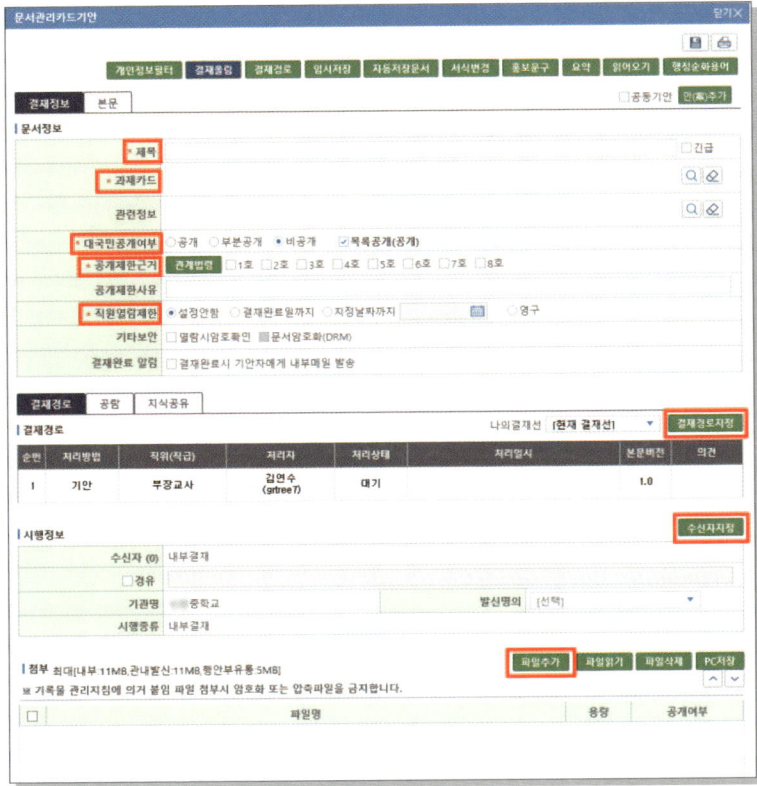

결재 정보 입력

- 제목: 서술식이 아니라 개요식으로 간략하게 작성합니다.

  예) ○○중학교 자유학기 운영계획서 제출, ○○중학교 국어과 수업 공개 안내 및 참석 협조 요청

- 과제카드: 업무에 해당하는 것을 지정하여 선택합니다. 작년도 해당 기안문을 확인하거나 부서 대표 교사에게 질의하여 도움받을 수 있습니다.

- 대국민 공개 여부 및 공개 제한 근거: 국민에게 해당 기안문이 공개되는 여부와 관련된 것으로, 주민등록번호 등 개인정보나 민감한 사항이 있다면

▶ 정보 비공개 분류 사항 관계 법령

1호	다른 법률 또는 법률이 위임한 명령(국회규칙, 대법원규칙, 헌법재판소규칙, 중앙선거관리위원회규칙, 대통령령 및 조례에 한한다)에 의하여 비밀 또는 비공개 사항으로 규정된 정보
2호	국가안전보장, 국방, 통일, 외교관계 등에 관한 사항으로서 공개될 경우 국가의 중대한 이익을 현저히 해할 우려가 있다고 인정되는 정보
3호	공개될 경우 국민의 생명, 신체, 재산 보호에 현저한 지장을 초래할 우려가 인정되는 정보
4호	진행 중인 재판에 관련된 정보와 범죄의 예방, 수사, 공소의 제기 및 유지, 형의 집행, 교정, 보안처분에 관한 사항으로서 공개될 경우 그 직무수행을 현저히 곤란하게 하거나 형사피고인의 공정한 재판을 받을 권리를 침해한다고 인정할 만한 상당한 이유가 있는 정보
5호	감사, 감독, 검사, 시험, 규제, 입찰 계약, 기술 개발, 인사관리, 의사결정 또는 내부 검토 과정에 있는 사항 등으로 공개될 경우 업무의 공정한 수행이나 연구, 개발에 현저한 지장을 초래한다고 인정할 만한 상당한 이유가 있는 정보. 다만, 의사결정 또는 내부 검토 과정을 이유로 비공개할 경우에는 그 과정이 종료되면 제10조에 따른 청구인에게 이를 통지하여야 함
6호	낭해 정보에 포함되어 있는 이름, 주민등록번호 등 개인에 관한 사항으로서 공개될 경우 개인의 사생활의 비밀 또는 자유를 침해할 우려가 있다고 인정되는 정보
7호	법인, 단체 또는 개인의 경영, 영업상 비밀에 관한 사항으로서 공개될 경우 법인 등의 정당한 이익을 현저히 해할 우려가 있다고 인정되는 정보
8호	공개 시 부동산 투기, 매점매석 등으로 특정인에게 이익 또는 불이익 줄 우려가 인정되는 정보

비공개 처리합니다. 자세한 비공개 분류 사항은 [관계 법령]을 클릭하여 확인해 해당 호를 체크합니다. 개인정보와 관련된 내용은 일반적으로 '6호'를 선택합니다. 부분 공개는 목록만 공개 처리됩니다.

- 직원 열람 제한: 앞선 내용과 마찬가지로 주민등록번호와 연락처 등 민감한 사항이 있는 경우에 비공개(영구 체크) 처리합니다.
- 결재 경로: 문서를 결재받기 위한 경로를 지정합니다. 일반적으로 부장(검

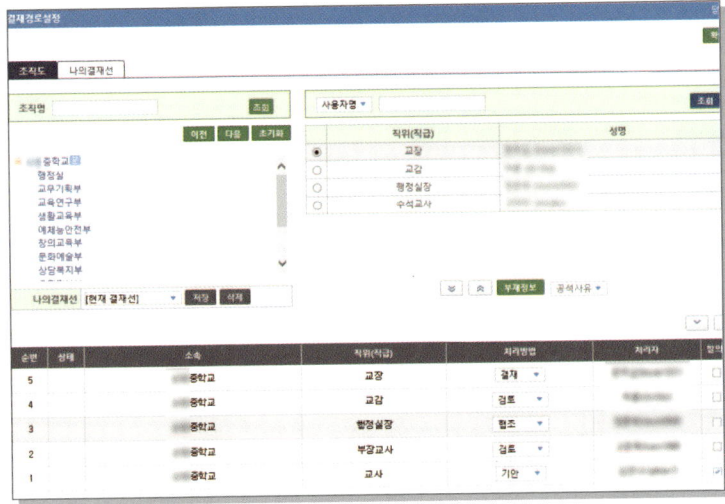

기안문 결재 경로

토)─교감(검토)─교장(결재) 순으로 지정합니다. 행정실장 및 관련 부서 교사와도 관련되는 경우에는 협조를 결재선에 추가합니다. 예) 부장(검토)─행정실장(협조)─교감(검토)─교장(결재)

- 수신자 지정: 교내가 아닌 대외(타 학교, 교육지원청, 대학 등) 발송 시 사용합니다. 관내 교육청과 교육지원청, 학교는 주로 [조직도] 탭에서 선택할 수 있으며 대학교는 [행안부유통] 탭에서 선택할 수 있습니다. 결재 완료 후 대외로 공문이 발송될 수 있도록 자동 발송 부분에 체크하길 권합니다.

③ 기안문 및 본문을 작성합니다. 붙임 파일이 있다면 함께 작성해야 합니다. 첨부파일은 [파일추가] 탭을 클릭해 추가합니다. 내부 결재 및 관내 발신은 11MB, 행안부유통은 5MB로 첨부할 수 있는 파일 용량이 작습니다. 따라서 한글 파일 용량이 크다면 PDF로 변환하거나 PDF 용량을 줄여 첨부해야 합니다. PDF 용량 줄이기는 포털사이트에서 검색하여 무료로 사용

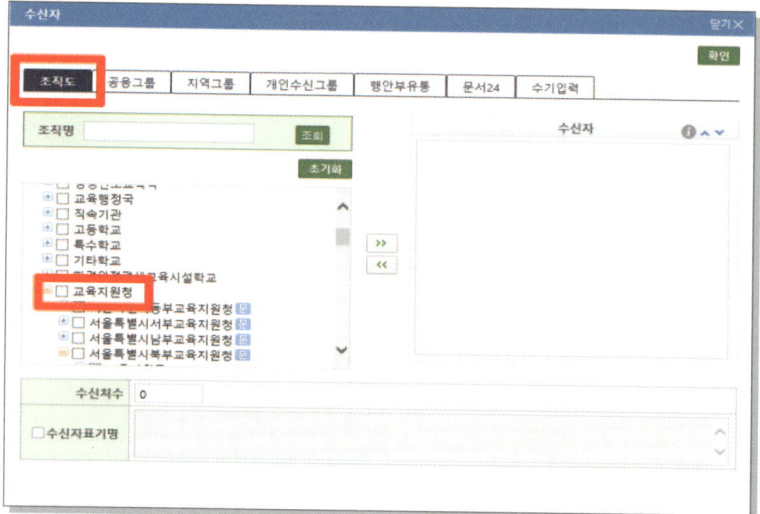

물품 품의 시 수신자 지정

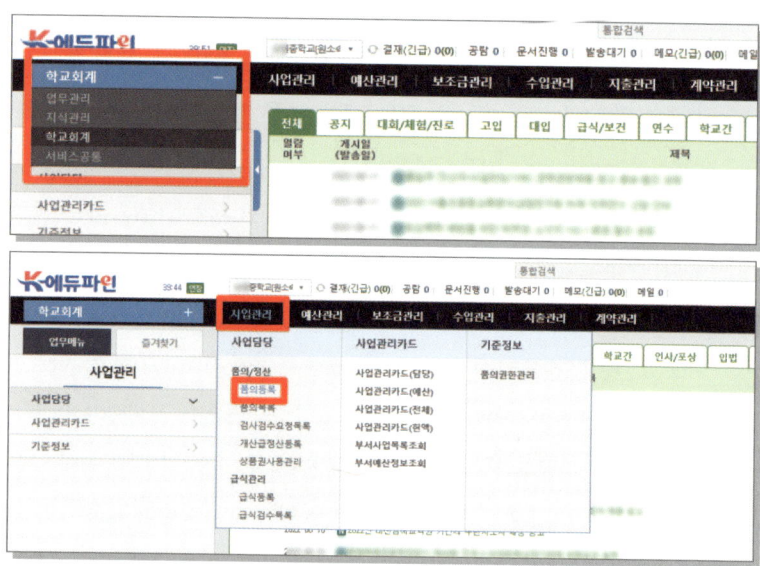

물품 품의 기안문

할 수 있습니다(https://smallpdf.com/kr, https://allinpdf.com 등).
④ 모든 내용을 작성하였으면 화면 상단 [결재올림]을 클릭하고 마칩니다.

▶ **K-에듀파인 물품 품의 기안문**

물품 구입을 위해 K-에듀파인에서 품의 기안문을 작성하는 절차는 다음과 같습니다.

① K-에듀파인에서 학교 회계→사업 관리→품의 등록을 선택합니다.
② 제목과 내용을 공문 작성하는 것과 동일하게 입력합니다. 내용은 개요식으로, 일시와 장소, 대상, 내용, 산출 내역을 작성합니다.
③ [예산 선택]을 클릭하고 해당 내용의 예산을 선택합니다.
④ 품목 내역을 입력하고, [행추가]를 클릭해 내용을 입력합니다.
- 내용: 해당 지급 내용을 기재합니다. 예) 강사료, 간식비, 색연필 등
- 규격: 단위를 기재합니다. 예) A4, 4절(없다면 쓰지 않아도 됨)
- 수량: 구입하고자 하는 수량을 기재합니다.
- 예상 단가: 단가를 기재합니다.
- 예상 금액: 수량과 단가를 작성하면 자동 계산되어 입력됩니다.
- 추가 항목을 입력하려 하면 [행추가]를 클릭하여 입력합니다.
⑤ 작성을 완료하고 [저장]을 클릭하고, [결재요청]을 클릭합니다.
⑥ 과제카드, 대국민 공개 여부, 공개 제한 근거, 열람 제한 기간, 결재 경로는 기안문을 작성할 때와 동일하게 선택하여 작성합니다.
⑦ 모든 내용 작성을 완료하면 [결재올림]을 클릭합니다.

교사의 급여는 얼마일까?

열심히 일한 당신! 도대체 급여로 얼마를 받을지 궁금하죠?
신규교사 여러분이 받게 될 급여는 어떻게 구성될까요?
교사의 돈 공부를 위한 특별 부록!

급여 내역		세금 내역		공제 내역	
본봉	2,495,900	소득세	29,330	일반기여금	319,430
정근수당	623,970	지방소득세	2,930	건강보험	123,100
정근수당 가산금	50,000			노인장기요양보험	15,100
정액급식비	140,000			교직원공제회비	300,000
명절휴가비	1,497,540			교원연합회비	0
교직수당	250,000			상조회비	31,360
교직수당(가산금2)	70,000			식대	0
교원연구비(중등보직)	60,000				
급여총액	5,187,410	세금총액	32,260	공제총액	788,990
실수령액			4,366,160		

6년 차 교사가 1년 중 가장 많은 급여를 받은 달의 급여명세서
☞ 주의! 항상 이렇게 들어오는 것은 아니고 1년에 단 1번입니다.

▶ 매달 들어오는 금액 (2022년 중등교사 기준)

본봉
- 수당을 제외한 급여 호봉에 따라 다르며 매년 1호봉씩 승급.
- 사범대 졸업생은 9호봉부터, 교직 이수생은 8호봉부터 시작.
- 1급 정교사 연수 이수 시 1호봉 승급.

경력 종류*	경력 인정 범위	예시(자세한 내용은 예규 참고)
교원 경력	100% 이내	기간제, 사립학교, 평생교육시설, 한국학교, 어린이집 등
교원 외 경력	100%	국가공무원, 지방공무원(현역 복무 군 경력 등)
	80%	고용직 공무원
유사 경력	30~100%	유치원, 산학겸임교사, 시간강사
	100% 이내	대학원 석사, 박사(최대 3년)
	80% 이내	국가 또는 지방자치단체기관 등
	70% 이내	변호사, 법무사, 노동조합, 대안교육 위탁기관(소지 자격 동일 분야),
	60% 이내	비영리 종교법인 교육 관련 분야 종사
	60% 이내	공공법인
	50% 이내	재외 교육기관 및 단체, 학원 강사
	30~40% 이내	회사, 그 밖의 직업 등

※ 교사의 호봉이 궁금할 땐?
[인사혁신처 홈페이지 접속]-[공무원 인사 제도]-[성과·보수 제도]-[공무원 봉급표]-[유치원·초등학교·중학교·고등학교 교원 등]

정액 급식비: 170,000원
- 매달 모든 교원에게 동일하게 지급.

---

* 교육공무원 호봉 확정 시 경력환산율표 적용 등에 관한 예규 [시행 2022. 6. 20.] [교육부예규 제70호, 2022. 6. 20. 일부개정]

교직 수당: 250,000원

- 교육공무원에게 동일하게 지급.

교직 수당(가산금)

- 보직, 업무별로 지급되는 가산금. 담임 수당.
- 130,000원(가산금4), 보직교사 수당 70,000원(가산금2) 해당.
- 이외 상담교사, 보건교사, 사서교사, 영양교사 수당도 해당.

교원 연구비

- 5년 미만 75,000원 지급(도서·산간 지역은 78,000원).
- 5년 이상 60,000원 지급.

시간외근무 수당

- 월 15일 이상 근무 시 10시간분의 시간외근무 수당 정액 지급.

▶ 추가로 받을 수 있는 금액

정근 수당

- 1년에 2번(1월·7월) 지급.
- 신규교사는 0%.
- 1년 차부터 본봉의 5%에서 매년 5% 상승하여 50%까지 지급.

명절 휴가비

- 설날과 추석에 지급되는 휴가비로 본봉의 60% 지급.

성과 상여금

- 작년도 업무 기준, 학교별 성과급 기준에 따라 지급. (S/A/B 등급을 나눠 연 1회)
- 성과급 기준에 업무 강도나 수업시수 등 정량평가 항목과 교사 의견인 정성평가 항목이 포함(학교별로 일부 상이).

▶ 놓치면 아까운 수당

시간외근무 수당
- 초과 업무 수행 시 지급.
- [나이스]-[복무]-[개인 초과근무 신청] 탭에서 신청 후 초과근무를 수행해야 지급.
- 최초 1시간은 공제되고 2시간째부터 지급(예: 3시간 근무 시 2시간 인정).
- 1일 4시간, 월 57시간 초과 불가.

특근 매식비
- 최소 1시간 이상 초과 근무 시 지급. 사전 결재 후 사용 가능.
- 8,000원 이내에서 사용 가능, [해당 부서 부장]-[행정실장]-[교감]-[교장] 결재순 (학교마다 일부 상이).
- 결재 후 행정실에서 카드를 수령하여 사용 및 반납하면 됨.

출장비
- 관련 규정: [공무원 여비 규정] 및 [공무원 보수 등의 업무 지침]
- 학교 업무와 관련하여 출장 시 반드시 '출장' 기안해야 함.
- 관내 출장인 '근무지 내 출장'과 관외 출장인 '근무지 외 출장'.
- 근무지 내 출장은 4시간 미만이면 출장 여비 1만 원 지급.
- 4시간 이상의 종일 출장은 여비 2만 원 지급.
- 출장지가 근거리 2km 이내면 실비 지급(대중교통 이용 시 증빙서류 제출).
- 동일한 날에 중복으로 출장이 있다면 다음과 같이 지급.
    ⇨ 오전, 오후 나눠서 4시간 이상이면: 2만 원 지급.
    ⇨ 중복 출장이더라도 4시간 미만이면: 1만 원 지급(중복 출장 1건에 '여비부지급' 체크).
- 수당이 지급되는 출장 시 수당이 중복 지급되므로, 출장 여비가 지급되지 않음.
- 복무 시 '여비부지급'에 체크하고 상신해야 함.

▶ 복지포인트 완전 정복!

복지포인트 이해하기
- 기본 점수: 400점 일률 배정. 1점은 1,000원으로 환산.
- 근속 점수: 근속 기간에 따라 오르는 점수. 1년당 10점, 최대 300점까지 가능.
- 가족 점수: 배우자 100p, 직계존속 50p, 자녀(첫째 50p, 둘째 100p, 셋째 이상 200p).

온누리 상품권
- 복지포인트 중 일부를 온누리상품권 구입에 사용해야 함.
- 행정실에서 일률 구입 후 지급. 복지포인트에서 자동 차감.
- 개인 구입 시 10% 할인. 구입 시 행정실에 알리고, 개별 구입 후 영수증 제출.

보험 사전 선택
- 보험 사전 선택 기간에 '맞춤형 복지'에서 원하는 보험을 선택.
- 기존 실비가 있다면 실비를 제외하고 선택 가능. 선택한 보험에 따라 복지포인트 차감 점수 상이.
- 개인 실비에서 보장하지 않는 임신·출산 관련 항목을 단체 실비에서 보장하기도 하니, 보장 내역을 꼼꼼히 확인하고 선택하는 게 유리.

▶ 공제 금액 완전 정복

기여금(필수)
- 공무원 연금을 위해 적립되는 금액으로 '기준소득월액' 기준으로 9%가 적립됩니다.
- '기준소득월액'은 각종 수당, 성과 상여금이 포함된 금액으로 산출.

식대(필수 아님)
- 급식비로, 학교 급식을 희망할 경우 월급에서 자동 차감.
- 급식을 희망하지 않는다면 행정실에 전달 및 서류 제출하면 됨.

상조회비(필수 아님)

- 학교별로 상조회가 있다면 매달 자동 차감되며, 다른 학교로 이동 시 원금이 지급됨.
- 경조사 금액을 걷는다면 상조회비 명목으로 차감.

교직원 공제회비(필수 아님)

- 교직원 공제회에 가입했다면 월급에서 자동 차감.
- 최소 30,000원에서 최대 900,000원까지 가능.
- 월 복리로 시중 은행 적금보다 이율이 높고, 연금 형식으로 수령할 수 있고, 일시금 수령도 가능한 장점이 있음. 개인 투자 선호 시 가입하지 않아도 됨.

3장

수업은 어떻게 해야 할까?

한숨 돌리니 보이는 수업

김쌤   눈코 뜰 새 없이 하루가 후다닥 지나가 버리네요.

오쌤   네. 저도 그래요. 담임 업무에 행정 업무에 수업에, 온종일 교무실과 교실을 왔다 갔다 하다 보면 날이 어둑해져 있어요.

김쌤   저는 교사가 되어서 학교 일과가 충격이었어요. 교사는 수업만 하는 줄 알았거든요. 업무에 치일 수 있다는 걸 몰랐어요.

오쌤   저도 그래서 '내가 되고 싶은 교사가 이런 모습이었나.' 하며 우울한 적 있어요.

윤쌤   맞아요. 교사에겐 수업이 제일 중요하지요. 수업에 가장 많이 공들여야 하는데, 다른 업무를 수행하다 보면 쉽지 않죠. 다른 선생님들은 어려움을 어떻게 극복했는지 이야기 나눠보고 싶어요.

- 학교 내에서 수행해야 할 많은 업무 중 교사 고유의 권한이자 교사가 지닌 개인 역량과 전문성을 펼칠 수 있는 게 '수업'입니다. 그만큼 수업은 교사의 업무 중 가장 중요합니다. 교사는 양질의 수업을 위한 시간을 확보하는 데 노력을 기울여야 하고, 수업을 설계·진행하는 게 다른 업무에 우선되어야 합니다.

- 　잘 짜인 수업에서 학생들과 상호작용이 잘 되는 경험을 하면 '교사가 된 이유'를 찾을 수 있습니다. 그만큼 자아존중감과 직업 만족도가 높아집니다. 많은 교사가 학교에 있는 시간을 행복하게 꾸리는 데 도움 되길 바라며 첫 수업은 어떻게 준비하고 진행하면 좋을지, 수업에서 발생할 수 있는 다양한 사안에 어떻게 대처하면 좋을지 살펴보겠습니다.

01 첫 수업 준비와 방법

시대의 흐름과 사회의 요구에 따라 수업 모습도 변하고 있습니다. 교사가 지식을 가르치고 학생이 이를 배우고 지식의 양을 평가하는 데서 나아가, 학생의 배움이 중심이 되고 교사가 조력하는 방향으로 변하는 것입니다. 교사는 수업의 전 과정을 더욱 정교하게 설계해야 하며, 학생들과 적극적으로 상호작용할 방법을 모색해야 합니다. 교사가 준비한 수업에 학생들이 즐거워하며 열심히 참여하는 모습을 상상하면 좀 더 섬세한 노력을 기울이게 되고, 학생들을 만나는 데 두려움보다 기대와 설렘을 지닐 수 있습니다.

I. 첫 만남과 첫 수업

교사와 학생 모두 긴장과 설렘으로 만나는 첫 수업의 인상은 그해 전체 수업 진행과 방향에 영향을 줄 수 있습니다. 교사 본인 이름만 소개하고 바로 교과 진도를 시작하는 것은 지양하는 게 좋습니다. 지나치게 엄격한 분위기로 수업을 시작하는 것도 효과적이지 않습니다. 큰 영향력을 형성할 수 있는 절호의 기회인 첫 수업을 다음과 같이 구성하는 것을 제안합니다.

▶ 교사 소개하기

교사 이름과 근무하는 교무실 위치와 같은 기본적인 정보에 교과 교사 또는 담임교사로서의 교육철학과 성향을 소개합니다. OX 퀴즈나 초성 퀴즈를 이용하여 소개할 수도 있습니다. 가장 기억에 남거나 추억이 담긴 사진을 보여주며 관련 이야기를 풀어도 좋습니다. 교사가 좋아하는 음식·인물·상황·장소를 보여주며 학생들과 공감하는 시간을 나누는 것도 효과적 입니다. 첫 수업 내용을 준비하는 방법은 '2. 수업 진행은 이렇게'에서 자세히 다루었습니다.

▶ 관계 형성하기

3월 한 달간은 학생들과의 라포르 형성이 중요합니다. 긍정적인 라포르가 형성되었다면 교사와 아이들이 상호 신뢰하며 수업을 잘 진행할 수 있기 때문입니다. 아이들 이름을 자주 불러주고, 작은 것이라도 긍정적인 부분을 포착하여 칭찬해주는 것도 효과적입니다. 칭찬할 때 작은 사탕을 주거나 상점을 부여할 수도 있습니다. 신규교사는 다정한 교사 모습과 엄격한 교사 모습 사이에서 고민합니다. 어떤 교사는 학생들에게 얕잡아 보일까 걱정되어 일부러 웃지 않고 딱딱한 분위기를 연출하기도 합니다. 그러나 애매하게 엄격한 분위기를 만들 바에야 학생들과 친밀한 관계를 형성하여 아이들을 교사 편으로 만드는 게 수업에 더 큰 도움이 될 수 있습니다.

▶ 수업 규칙 세우기

관계 형성이 이루어졌다면, 이를 토대로 수업 규칙을 세웁니다. 수업 규칙은 수업 질서를 지키기 위한 토대로, 교사 입장에서는 학생들을 일관성 있게 지도할 수 있고, 학생 입장에서는 일관된 지도를 받기 때문에 차별이나 불만이 덜 발생할 수 있습니다. 교사가 일방적으로 수업 규칙을 정하고 안내하면, 학생 입장에서 충분히 동의되지 않았기 때문에 자발적이고 적극적으로 따르기 어렵습니다. 아이들이 수업 규칙의 존재 및 실시 여부를 생각해보도록 하고, 토의를 거쳐 세부 내용을 조정하여 함께 만들어가는 게 적절합니다. 이 과정에서 학생들은 질서의 개념과 중요성을 깨달을 수 있고, 수업 규칙을 지켜야 하는 이유와 동기를 자연스럽게 지닐 수 있습니다. 수업 규칙 내용으로 발표 및 과제 제출 방법, 모둠 조직 방법, 하고 싶은 것과 하지 말아야 할 것, 학습 준비물 사용 시 유의점 등이 있습니다.

▶ 수업 활동 및 평가 안내

1년 동안 어떤 내용을 배우고, 무슨 활동을 할지 간략하게 소개합니다. 수업에 앞서 배울 내용을 개괄적으로 소개하면 학습 효과가 증

2024학년도 3학년 미술 수업계획

김 연 수 T

월	수업명	시수	학습 내용	학생준비
3~4	오리엔테이션	2	· 미술 수업, 수행평가 안내	필기도구 스마트기기 (디빗, 스마트폰) 기타재료 (전 시간에 미리 공지함)
3~4	자아표현	8	· 나의 모습 라인드로잉 · 자아탐색과 상상 표현	
3~4	봄과 크로키	4	· 크로키 표현의 이해 · 야외 크로키 표현의 실습	
5	디자인(응원기)	6	· 디자인의 이해 · 학급 심볼 시그니처 디자인의 표현	
5	디자인(잡지 커버)	6	· 디자인 구성의 이해 · 잡지 커버 디자인 표현 · 디지털 디자인 표현	
6	사진의 다양한 이야기 표현	4	· 주제와 있는 이야기의 연출과 사진기록	
6~7	입체와 질감	6	· 입체 표현의 탐구와 표현 · 질감의 감각언지와 표현	
8	글과 그림	4	· 글과 그림을 통한 주제의 효과적 전달 표현 · 글과 그림의 조합과 미적 탐색, 표현	
9~10	디지털 수묵 진경산수화	8	· 산수화 표현 방법의 탐구 및 실습 · 디지털기기를 활용한 진경산수화 표현, 편집 · 먹물을 사용한 수묵 표현과 디지털 표현의 융합	
9~10	자연미술	2	· 자연미 체험 · 자연에 상상 더하기 표현	
9~10	아주 작게 그리기	2	· 관찰 방법의 이해와 세밀화 표현	
11	영상 표현	8	· 영상 촬영 방법의 이해와 촬영 · 주제가 있는 영상 제작 · 영상 편집과 감상	
12~1	영상작품 읽기	4	· 영상작품 분석, 해석 · 영상작품 제작과정의 이해	
12~1	전체 작품감상 및 수업 소감 나눔	4	· 수업 나눔 · 자기반성 및 개선점 탐색	

연간 수업 계획 예시

2024학년도 3학년 미술 평가기준

1. 미술과 학습 평가 방법
   가. 평가는 실기평가, 포트폴리오로 한다.
   나. 코로나19 상황과 온라인 수업으로 인하여 평가계획은 변경될 수 있다.
   다. 실기평가는 4회 실시 한다.(1학기 2회, 2학기 2회)
      - 수업에 참여한 학생 중 작품 미제출자는 실기평가 배점의 30%를 부여할 수 있다.
      - 수업에 참여하지 않았고, 3회 이상의 기회를 제공했음에도 불구하고 작품을 미제출한 경우에는 0점을 부여할 수 있다.
   라. 포트폴리오(20점)는 매 시간 수업의 수행과정 진행정도, 자료조사 및 준비 여부, 추가 과제제출 여부, 발표우수자, 봉사 및 기여도 등 우수한 수업태도에 따라 가점을 부여한다.
   마. 포트폴리오는 매 수업시간 배부된 학습지 및 표현활동 수행평가에 반영되지 않는 수업 결과물들을 확인하여 평가한다. 수업에 참여한 정도를 평가하며 과정 및 결과물이 하나도 없는 경우에는 그 과정을 평가 및 기록할 수 있다.
   바. 전입 학생은 전 학교의 점수를 100% 인정하며, 전 학교에서의 성적이 없을 경우 작품을 제작하게 하여 별도 평가를 한다.
   사. 학교 외에서 제작을 해오거나 타인의 도움을 크게 받는 등 부정행위 한 학생은 0점 처리한다.
   아. 성적처리가 완료된 후 수행평가 결과물은 학생들에게 되돌려줄 수 있으며 학년 종료 후 폐기할 수 있다.

구분		수행평가영역(배점)	평가내용	비고
1학기	기말고사	자아 표현(40)	자아 탐색을 통한 상상 및 이야기 표현	100
		디자인(40)	주제가 있는 커버 디자인 제작하기	
		포트폴리오(20)	수업 내 과정평가 및 기타 작품	
2학기	기말고사	글과 그림(40)	주제가 있는 글과 그림의 효과적 표현	100
		디지털 수묵 진경산수화(40)	수묵 및 디지털 진경산수화의 제작	
		포트폴리오(20)	수업 내 과정평가 및 기타 작품	

※ 위 내용 및 평가기준, 배점사항 등은 상황에 따라 변동이 가능하며 변동 시 미리 안내·공지하겠습니다.

"예술은 모두가 함께 즐기고, 느껴보며, 새롭게 발견하고, 소통하는 것입니다.
선생님과 함께 즐기며 배울 줄 아는 2024학년도 미술수업이 되길 바랍니다"

- 김연수 선생님 -

연간 평가 기준 예시

가하고, 흥미로운 부분에 대하여 학생들이 기대하며 학습 동기를 지니게 됩니다. 연간 수업계획서를 미리 작성하여 첫 시간에 배부하고 함께 살펴보면 효과적입니다.

평가에 관해서도 구체적으로 안내합니다. 지필평가와 수행평가 내용과 평가 방식을 소개합니다. 두 평가 방법의 비중과 평가 시기, 평가 기준 등을 세부적으로 소개하여 수업과 평가를 일체화시켜 학생들의 학습 동기를 끌어올립니다.

2. 수업 진행은 이렇게

첫 만남부터 바로 수업을 진행하는 건 교사와 학생 모두에게 부담될 수 있습니다. 서로에 대한 정보나 친밀함이 없는 상태에서 딱딱한 수업을 하면 흥미도 떨어지고 집중하기도 어렵습니다. 서로 긴장도가 높아지기도 합니다. 첫 수업에서만큼은 수업 자체보다 학생들과의 관계에 신경 써보세요. 첫 수업의 목표를 신뢰감과 친근감 형성에 두는 것입니다. 교사가 기선 제압을 하려 한다거나 강압적인 태도를 보이면 학생들의 반감을 사고 수업에 대한 기대가 낮아질 수 있으니 유의합니다. 첫 수업 자료로 다음과 같은 내용을 담은 PPT나 패들렛 등 시각적인 매체를 활용하면 신뢰감과 친근감을 형성하는 데 효과적입니다.

효과적인 첫 수업 자료 내용 예시

- 교사를 소개하는 글 또는 퀴즈
- 해당 교과에 대한 간략한 설명
- 해당 교과를 배워야 하는 이유와 당위성 설명
- 해당 교과 공부법이나 팁
- 선수 학습 확인
- 교과서 목차 확인
- 수업 계획 및 흐름
- 평가 계획
- 수업 규칙
- 교사의 약속
- 학생의 다짐
- 수업 1인 1역할
- 질의응답 또는 설문
- 아이스브레이킹

▶ **교사 소개 글과 퀴즈**

교사를 소개하는 글이나 퀴즈를 마련합니다. 간단한 자기소개와 자기 신념이나 중요하게 생각하는 덕목, 좋아하는 수업 참여 태도 등을 다지선다형 퀴즈, 초성 퀴즈, 진진가(진짜 중에 가짜를 가려내는) 퀴즈 등 다양한 퀴즈로 풀면 효과적입니다. 어색해하고 소극적이던 학생들도 퀴즈를 맞히면서 앞으로 수업을 함께할 교사에 대한 정보를 자연스레 알게 되고, 교사에게 호감을 느낄 것입니다.

서곳중 최고의 (　　)이신 우리 8반 담임선생님 괄호 안에 어떤 말이 들어가면 좋을까요?	우리 담임선생님의 최고 장점은? (혹은 내가 바라는 담임선생님의 모습은?) 1. 아름답다. 2. 재미있다. 3. 국어를 잘한다. 4. 누구도 차별하지 않고 소중히 대한다. 5. 우리 반이 가장 행복하고 안전한 반이 되도록 노력한다.
선생님이 좋아하고 고마워하는 학생 1. 인사 잘하는 제자 2. 못해도 잘하고자 노력해보는 제자 3. 표현 잘하는 제자 4. 잘 웃는 제자 5. 가끔은 양보하고 희생할 줄 아는 제자	국어 선생님에 대한 설명 중 틀린 것을 모두 고르세요. 1. 선생님은 여중, 여고, 여대 출신이다. 2. 선생님은 학창 시절 연예인을 좋아한 적이 있다. 3. 선생님의 별명은 포켓몬과 관련된다. 4. 선생님에게는 딸이 있다. 5. 선생님의 혈액형은 AB형이라 가끔 독특할 때가 있다.

교사 소개 예시

▶ **담당 교과 설명**

　담당 교과에 대해 간단히 설명해도 좋습니다. 담당 교과에 대한 학생들 생각을 알아보기 위해 질문할 수도 있고, 흔히 해당 교과에 지니는 선입견을 써놓고 공감하는 학생들은 손을 들도록 반응을 유도하며 진행할 수 있습니다. 선입견을 하나씩 타파하고 이어서 해당 교과를 공부해야 하는 이유를 알려주어 학생들이 공부의 필요성을 느끼게 할 수도 있습니다. 실생활에서 해당 교과를 활용하여 문제를 해결한 예시를 들어 공부해야 하는 이유와 효과적인 공부 방법까지 설명한다면 학생들이 더 잘 이해할 수 있습니다.

영어 왜 배워야 합니까?	국어는 어떻게 공부? 일급 기밀 특급 노하우! 솔직히 말해보자. 틀린 거 맨날 또 틀리지?

• 영어를 공부할 필요가 없는 이유
  https://translate.google.co.kr/
  https://www.youtube.com/watch?Vm003rwdP_xWB
• 영어 4등급도 서울대 정시 합격
  http://cafe.naver.com/etson/9875
• 그러나!
	• 학습목표 뚫어지게 보기
	• 스스로 문단별 중심 내용 찾고 주제 정리하기
	• 모르는 단어는 맥락으로 추측해보고 어려우면 찾아보기
	• 학습활동 완벽 이해하기
	• 틀린 보기는 왜 틀렸는지 고쳐보기
	• 적자생존-생존을 위해서는 적어라!

교과에 대한 설명 및 필요성 안내 예시

▶ **선수학습 확인**

해당 교과에 대한 학생들 지식수준이나 관심이 어느 정도인지 간단하게 테스트합니다. 시험 문제와 같이 복잡한 형식이 아니라 이미지를 활용하여 '이 이미지를 보면 떠오르는 단어는?'과 같은 문제를 내거나 교과와 관련된 핵심 단어를 스피드 퀴즈나 빙고 게임으로 제시할 수 있습니다. 학생들이 가볍게 참여할 수 있는 정도가 좋고, 단계별로 준비하여 지식수준을 가늠할 수 있도록 합니다. 이를 참고하여 학생들의 선수학습 정도를 확인하고 수준에 맞는 수업을 계획할 수 있습니다.

▶ **수업 및 평가 계획 안내**

교과서 목차를 보며 한 학기 또는 1년간 어떤 내용을 공부할지 같이 살펴봅니다. 그리고 수업을 어떻게 진행할 것인지, 어떤 활동을 중심으로 할 것인지를 간략하게 설명하고 평가 시기와 내용, 방법을 안내합니다. 평가 계획이 구체적으로 세워지지 않았다면 평가 비율을 알려준다거나 대략적인 상을 그림으로 제시해주면 됩니다. 이는 학생들에게 학습 동기 상승으로 이어질 수 있습니다.

1학기 성적 비율 안내	1학기 수행평가 안내

• 포트폴리오 10%
• 단어 10%
• 중간고사 (객관식) 25%
• 기말고사 (객관식) 25%
• 말하기 2회, 30%
• 쓰기 2회, 30%
	• 1번째 수행 (말하기 15점 + 쓰기 15점 30점)
	  코로나로 인해 생긴 나의 삶의 변화에 대해
	  쓰고 발표하기
	• 2번째 수행 (말하기 15점 + 쓰기 15점 = 30)
	  내가 사는 지역에서 좀 바꿨으면 (개선) 하는
	  장소 소개하기.
	• 포트폴리오: 학습활동 참여하기

수업 및 평가 계획 안내 예시

▶ **수업 규칙 안내**

수업 규칙을 정하는 것은 첫 시간 오리엔테이션에서 가장 중요합니다. 수업 규칙을 정할 때는 다음의 몇 가지 사항을 유의하면 좋습니다. 첫째, 꼭 필요한 몇 가지 규칙만 정합니다. 많은 규칙은 현실적으로 적용하기 어렵습니다. 둘째, 교사가 일방적으로 정하는 것보다 학생들과 논의하는 게 좋습니다. 학생들 동의 없는 규칙은 영향력을 발휘하기 어렵습니다. 교사가 꼭 필요로 하는 규칙이 있다면 5가지 중 2~3개를 정한 후 왜 필요한지 설명하고, 학생들 동의를 구하는 게 좋습니다. 앞서 자기소개 퀴즈에서 살펴본 중요하게 여기는 '덕목'이나 좋아하는 학생의 '태도'와 관련된 몇 가지 규칙을 제시해도 효과적입니다. 규칙을 정하고 나서 교사 또한 학생들에게 어떤 수업 분위기를 만들어갈 것인지, 학생들에게 어떤 태도로 임할 것인지, 열심히 참여했을 때의 보상은 어떠할 것인지 등을 약속합니다. 학생들 또한 수업 규칙을 지키겠다는 다짐을 적어보도록 하고, 이를 함께 읽어보거나 인쇄하여 서명받는 활동으로 진행할 수도 있습니다.

선생님의 약속	여러분의 약속
1. 여러분이 안전하게 학교생활을 할 수 있도록 최선을 다하겠습니다. 2. 모두가 행복하고 즐겁게 참여할 수 있는 환경을 조성하겠습니다. 3. 마지막 중학교 생활에 잊지 못할 추억을 만들어 주고자 노력하겠습니다. 4. 여러분의 단점보다 장점을 더 크게 보고 더 많이 칭찬하도록 하겠습니다. 5. 저를 믿고 따라주면 그 이상으로 여러분을 믿고 아끼며 사랑하겠습니다. 보상은 확실하게! 쿨하게! *여러분은 제게 어떤 약속을 하고 싶나요?	1. 모든 선생님께 인사 잘하겠습니다. 2. 학교, 학급 규칙을 잘 지키겠습니다. 3. 기본 예의를 지키겠습니다. 4. 꿈을 키우겠습니다(자기가 좋아하는 일, 자기가 잘하는 일 생각하고 찾아보기). *연말에 "넌 뭐하고 싶어?"란 질문에 "없는데요." 안 됨. 이것도 생활기록부에 기록해드릴 수 있음.
그 외: 칭찬 도장판 & 수업 태도 칭찬 도장판을 교과서 표지 뒤에 붙임. 열심히 수업에 참여하고 과제를 수행할 때마다 도장이 쌓임!	도장을 다 모은다면? 생활기록부 기재해 줌. 마지막에 선생님의 선물! 수행평가 점수 UP!

수업 규칙 및 약속과 보상 예시

▶ **수업 1인 1역할**

학생들에게 학급에서 1인 1역할을 부여하여 책임감과 소속감을 지니게 하듯, 수업에서도 1인 1역할을 부여할 수 있습니다. 수업 중

학생 각자의 역할이 필요한 때가 있고, 교사가 이끄는 것보다 학생들 스스로 나서서 수업을 도울 때 수업 분위기를 긍정적으로 형성하기 수월해집니다. 학생들이 역할 수행에 책임과 보람을 느끼며 수업에 더 적극적으로 참여할 수 있어 효과적입니다(다음 페이지의 표는 수업에서 1인 1역할에 대한 예시*입니다).

▶ 질의응답 또는 설문

오리엔테이션 자료에 담아내지 못한 걸 이야기하거나 질문받고 이에 답해주며 수업을 마무리합니다. 학생이 질문하길 어려워한다면 설문지를 배부합니다. 설문으로 학생들이 원하는 수업 방식이나, 평가 방법을 알 수 있습니다. 학생들이 교사와 수업에 기대하는 점이나 교사에게 하고 싶은 말, 학생 자신의 다짐 등을 적을 수 있도록 설문지를 작성합니다. 이후 설문 결과를 학생들에게 안내하고 어떤 수업을 할지 이야기해줍니다.

▶ 아이스브레이킹

준비한 오리엔테이션을 마치고 시간 여유가 있다면 친밀감을 높이고 분위기를 부드럽게 만드는 아이스브레이킹 활동을 진행합니다. 학기 초에는 같은 반 학생끼리도 서먹하고 서로 잘 모릅니다. 이를 해소하고 활발한 분위기를 만들 수 있는 활동을 기획할 수 있습니

---

* 출처: https://cafe.naver.com/etson/316 (수업에서 1인 1역할을 효과적으로 활용하는 손지선 교사의 사례)

▶ 수업 1인 1역할 설명 예시

역할 및 설명	역할 설명	이름	인원
영어반장	반에서 수행평가 체크 및 취합하는 것을 도와줄 사람(한 학기마다 돌아감)		2명
수행 도우미	각종 수행 평가하는 법을 동영상 강좌로 만들어주기(컴퓨터 스킬 강추)		무제한
컴퓨터 기술진	동영상 교과서 편집 및 컴퓨터 스킬 강추		무제한
모니터링 요원	카페에 올라오는 글 및 반응 좋은 글 확인		3명
무플방지요원	카페에 친구들이 올리는 글에 댓글 달아주기		3명
수업연구진	선생님 수업에 대한 피드백		2명
Fun 팀장	재밌는 동영상 업로드		2명
지식in 팀장	각 수업 파트에 나오는 내용의 배경지식을 조사		4명
수업 분위기 파악 팀장	수업 분위기가 지루한지 어떤지 파악해서 휴식 제안(수업 분위기 파악 팀장이 쉬자고 하면 무조건 수업 멈추고 1분 휴식 제공. 한 시간에 한 번만 사용 가능)		1명
수업 보조교사	선생님을 도와서 수업 보조		6명
촬영 팀장	수업 시간에 있는 각종 장기자랑 촬영		1명
단어학습 팀장	반 친구들의 단어 학습을 돕는 자료 제작		5명
문제편집 팀장	예상 시험 문제를 생각하여 만들어서 친구들이 풀도록 함		2명
Special Project!!!			
교과서 제작진	(인원 무제한/외고/국제고/자사고 필수)!!		무제한
1) 교과서 성우진	교과서 본문 읽고 녹음하여 동영상 교과서 제작진에게 제공		무제한
2) 동영상 교과서 제작진	게임, 드라마, 영화, 이미지, 3D 프로그램 등을 사용하여 동영상 교과서 제작		무제한
3) 이미지 제작진	수업 내용에 관련된 이미지를 컴퓨터나 손으로 그려서 동영상 교과서 제작진에게 제공(예고, 미고 지망자 굿!)		무제한
4) 연기팀	교과서 내용에 맞게 연기하여 동영상으로 촬영 후 동영상 교과서 제작진에게 제공(외고 필수)		무제한
5) OST 제작팀	각 과 내용에 적절한 음악을 작곡(뮤직쉐이크를 사용하면 곡 하나 만드는 데 1분도 안 걸림), 연주, 녹음하여 동영상 교과서 제작진에게 제공(악기 연주 좋아하는 사람 굿!!)		무제한

다. 약 5가지 질문이 담긴 종이를 준비합니다. 질문은 '지금 장소에서 이름에 ㅅ이 들어가는 사람, 과목 중에 국어를 제일 좋아하는 사람, 빨간색이 들어 있는 양말을 신은 사람, 반에서 수업에 가장 열심히 참여할 것 같은 사람, 반에서 생각이 가장 깊을 것 같은 사람' 등과 같이 주변을 탐색할 수 있는 내용으로 마련합니다. 학생들에게 주어진 시간 내에 해당되는 사람을 찾아 하이 파이브를 한 후 이름을 적어 오라고 합니다. 가장 빨리 적어 오는 사람과 12번째로 적어 오는 사람에게 보상한다고 안내합니다. 이렇게 진행하면 학생들은 서로 이름을 물으며 돌아다니게 되고 친하지 않던 아이들 얼굴과 이름도 익힐 수 있습니다. 가장 빨리 완성하는 학생 외에도 다양한 순번의 학생에게 보상하면 시간이 늦어서 포기하는 학생을 줄일 수 있습니다. 그 밖에 다양한 아이스브레이킹 방법은 다음과 같습니다.

아이스브레이킹을 위한 가벼운 게임
- 진진가: 3가지 보기를 주고 그중에 진짜와 가짜를 가려내는 게임.
- 소수결 게임: 보기를 주고 소수가 선택한 보기를 선택한 사람이 승자가 되는 게임. 최후 1인이 나올 때까지 게임을 지속하는 게 가능(cf. 소수결을 활용한 가위바위보: 소수가 낸 선택지가 승리).
- 초성 게임: 큰 카테고리와 해당하는 하위어를 초성으로 제시해 맞히는 게임(학생들이 문제 내도록 하면 더 큰 호응을 얻을 수 있음).
- 몸으로 말해요: 단어를 보고 몸짓으로 표현, 상대방이 맞히는 게임.
- 0.5초 노래 듣고 맞추기: 대중가요 한 곡을 0.5초만 듣고 노래 제목과 가

수를 맞추는 게임(유튜브 영상 검색으로 쉽게 진행 및 정답 확인).
- 틀린 그림 찾기: 2개의 그림 보고 틀린 부분을 빠른 시간에 맞추는 게임 (유튜브 영상 검색으로 쉽게 진행하고 정답을 확인할 수 있음).
- 당신은 당신의 이웃을 사랑하십니까: "당신은 당신의 이웃을 사랑하십니까?"라고 물었을 때 술래가 '네'리고 말하면 양옆에 앉은 학생이 자리를 바꾸고, '아니오'라고 답하면 "그럼 어떤 이웃을 사랑하십니까?"라고 묻고, 술래가 답하면 해당되는 학생 모두 자리를 바꾸는 게임. "교복을 입은 사람을 사랑합니다"라고 답하면 교복 입은 학생 모두 자리를 바꾸는 식.
- 뇌 구조 그리기: 뇌 구조를 그릴 수 있는 학습지를 제공하고, 짝과 수수께끼를 통해 뇌 구조에 있는 내용을 맞추는 게임.
- 교과서 속 낱말 찾기: 교사가 교과서 속 낱말들을 말하면 몇 페이지에 있는지 찾는 게임(짝과 함께 협동으로 진행하면 효과적).
- 교과서 한 단원 속 빙고: 교과서 한 단원 안에 있는 단어 활용한 빙고게임.

02 다양한 수업 모습

I. 자유학년제 수업

자유학년제는 중학교 1학년 1학기와 2학기 동안에 중간고사 및 기말고사를 치르지 않고, 토론·실습 위주 참여형 수업과 현장 체험 활동과 같은 진로탐색을 교육하는 제도입니다. 2016년에 본격적으로 시작된 '자유학기제'를 확대한 것입니다. 자유학년제에 따라 교사는 국어, 수학, 영어, 미술, 체육 등 교과 수업 외에 '주제선택', '예술체육', '진로탐색', '동아리'와 같은 수업을 준비 및 운영해야 합니다.

▶ **주제선택**

학생의 흥미와 관심사에 맞는 체계적이고 심층적인 전문 프로그램입니다. 한 학기 동안 교과와 관련된 전문 수업을 심도 있게 진행하면 됩니다. 교사의 교과와 관련이 없지만 전문성을 지닌 주제로 수업해도 됩니다. 교과서 틀에서 벗어나 몇 가지 전문 주제로 깊이 있게 소수의 학생과 수업할 수 있기 때문에 교과 수업보다 조금 더 학생들에게 집중할 수 있습니다. 평소 교과와 관련된 특별한 수업을 진행하고 싶었어도 교과 진도 때문에 혹은 시간적 여유가 없어 하기 어렵던 부분을 해볼 수 있습니다. 주제선택 수업의 예로 나만의 소설책 만들기, 드론반, 코딩반, 과학 실험 탐구반, 영자신문 만들기, 미디어 속 세상 읽기, 영화 속 토론반, 생활 속 수학 발견반 등을 들 수 있습니다.

▶ **예술체육**

학생의 희망을 반영한 다양한 문화·예술·체육활동 프로그램입니다. 주로 음악, 미술, 체육과 관련하여 교과 내 전문 영역 및 전문 주제를 집중 체험·학습합니다. 한 학기 동안 학생들과 긴 호흡으로 체계적인 수업을 진행할 수 있습니다. 예술체육 수업의 예로 우쿨렐레 연주, 스마트폰으로 작곡가 되기, 그래픽 디자이너 되기, 빅발리볼, 배구, 볼링, 방송댄스, 공간디자이너 되기, 나만의 동화책 만들기, 명화 감상 등을 들 수 있습니다.

▶ **진로탐색**

학생의 적성과 소질을 탐색하여 스스로 진로와 직업을 설계할 수 있도록 체계적인 학습 기회를 제공하는 프로그램입니다. 다양한 직업을 직·간접적으로 체험하면서 진로를 고민하며 흥미와 꿈을 찾아

볼 수 있는 내용을 제공합니다. 직업을 소개하고 관련 활동을 하거나 관련 장소를 탐방해도 좋습니다. 영상으로 탐색할 수도 있습니다.

▶ 동아리

학생의 관심사를 바탕으로 학생이 중심이 되어 자발적이고 자율적으로 활동할 수 있는 프로그램입니다. 학교에서 운영되는 창의적 체험활동 동아리와 유사합니다. 주제선택과 예술체육 수업과 마찬가지로 교사의 관심 영역, 전문 역량을 활용하여 동아리 반을 개설할 수 있습니다.

2. 자투리 시간 활용하기

시험 기간이 끝나고 방학을 기다릴 때나 교과서 진도를 다 마친 후 여유시간이 생기기도 합니다. 막상 여유가 생기면 수업 시간에 무엇을 해야 할지 막막합니다. 시간을 때우려고 영상을 시청하는 것도 몇 번 하다 보면 아이들이 지겨워합니다. 집중하지 않고 잡담하거나 다른 걸 하는 경우가 허다합니다. 그렇다고 기존대로 수업하자니 학생들 원성도 자자하고 들뜬 분위기를 가라앉히기 쉽지 않습니다. 이럴 때 진행할 수 있는 수업 몇 가지를 소개합니다.

▶ 반 대항 게임

학생들과 자투리 시간에 할 수 있는 게임은 다양합니다. 이런 게

임도 한두 번 하면 아이들이 슬슬 지겨워합니다. 이럴 때는 같은 교시에 있는 타 교과 교사와 사전 합의하고 반 대항 게임을 진행합니다. '스피드 게임'이나 '몸으로 말해요' 게임이 반 대항으로 간단하게 진행하기 좋습니다. '골든벨'은 먼저 탈락한 학생들 집중도가 떨어진다는 단점이 있으니 모두 지속해서 참여할 수 있는 게임으로 진행하는 게 더 좋습니다. 이 활동을 위해서는 두 학급이 모일 장소가 필요합니다. 한 학급 당 학생 수가 많지 않다면 책상을 다 밀어 놓고 두 학급이 한 학급 교실에 모여도 괜찮습니다. 조금 복잡할 수 있지만 모든 학생이 집중하기에는 오밀조밀 모이는 게 넓은 장소에 퍼지는 것보다 효과적입니다. 게임의 예로 '몸으로 말해요 반 대항 게임' 진행 방법을 살펴보겠습니다.

- 반별로 4~5명 모둠을 구성하고, 협의하여 모둠별 출전 순서를 정합니다. 사전에 함께 활동할 교사와 카테고리 및 카테고리에 들어갈 제시어를 선정합니다. 예를 들면 속담, 사자성어, 교과 핵심 키워드, 인물, 동물을 각각 카테고리 제시어로 만듭니다.
- 모둠별로 원하는 카테고리를 선정하고, 같은 카테고리를 선택한 A반과 B반이 교차로 게임합니다. 학생들은 일렬로 서는데, 한 학생이 제시어를 표현하고, 그 외 학생은 교사가 서 있는 반대 방향으로 몸을 돌립니다.
- 교사가 맨 앞에 서 있는 학생과 관중에게 제시어 1개를 보여주고, 다음 학생에게 자신이 표현할 수 있는 몸짓으로 전달합니다. 마지막에 서 있는 학생은 제시어가 무엇인지 맞힙니다. 마지막 학생에게 전달되어 제시어가 끝나면 서 있는 순서를 바꿉니다(예: 첫 번째 학생이 두 번째로 가고, 다음 학생도

차례차례 밀리고 마지막 학생은 첫 번째 자리로 옮겨 제시어를 표현하게 됨).
- 제한 시간을 3~5분으로 두고 시간 내 제시어를 맞춘 횟수를 점수로 부여합니다.

제시어를 잘 이해하지 못했거나 표현하기 어렵다는 생각이 들면 '패스'를 외치고, 자리를 교체할 수 있습니다. 게임의 흥미를 돕고 관중의 집중도를 높이기 위해 같은 반 학생에게 힌트를 요구할 수 있습니다. '힌트'라고 외치며 같은 반 학생을 지목하면, 그 학생이 몸짓 외에 '소리'나 '표정'으로 출전한 친구에게 힌트를 제공합니다. 힌트는 마지막에 제시어를 맞히는 학생만 1~2회 사용할 수 있도록 제한합니다. '패스'를 연발할 수 있고, 같은 카테고리로 다른 반 학생들이 진행하는 게임이기 때문에 제시어는 많이 준비할수록 순조롭게 진행됩니다.

한 학급 안에서만 게임하는 것보다 반 대항 게임이기 때문에 학생들은 친구들의 게임 모습을 지켜보고 힌트를 알려주고자 열심히 참여합니다. 한 명도 빠짐없이 참여해야 게임이 진행되기 때문에 소외되는 사람 없이 모두 집중할 수 있는 게 장점입니다. 이와 같은 반 대항 게임은 실시간 화상 프로그램을 통해 반별로 대표 영상을 하나씩 틀어놓고 진행할 수도 있습니다.

▶ **단편영화제**

자투리 시간에 단기 수업이 아닌 장기 수업 프로젝트를 효율적으로 활용할 수도 있습니다. 학생들 참여와 호응이 높은 편인 '단편영화제' 수업의 진행 방식은 다음과 같습니다.

- 모둠을 구성합니다.
- 모둠별로 관심 있는 주제나 시사 거리를 하나 선택합니다. 막연하게 주제를 선택해보라는 것보다는 최근 이슈나 흥미를 느낄 수 있는 주제 몇 가지를 교사가 선정 및 제시하는 게 효율적입니다. '학교 폭력, 사이버폭력, 시험, 진로 고민, 남녀혐오, 외모지상주의' 등 학생들에게 가깝게 느껴지는 주제를 제시해줍니다.
- 이런 주제를 담고 있는 단편영화나 영상을 모둠별로 감상하게 합니다.
- 어떤 주제를 어떤 내용으로 표현하고 싶은지 정하고 스토리보드와 시나리오를 작성하게 합니다.
- 각자 하고 싶은 역할을 정합니다. 이때 모든 모둠 구성원이 '배우'로 한 번씩은 출연해야 한다고 규칙을 정해야만 모두가 참여할 수 있습니다.(역할의 예: 총괄감독 겸 배우, 카메라감독 겸 배우, 편집감독 겸 배우, 시나리오 작가 겸 배우, 소품·연출감독 겸 배우)
- 다른 반 수업에 방해되지 않는 선에서 장소를 다양하게 촬영합니다.
- 영화 편집까지 완료한 후에 영화 포스터를 제작하는 활동을 진행합니다.
- 학급에서 상영회 및 시상식을 진행합니다. 그럴싸하게 준비할수록 학생들이 즐거워합니다. 레드 카펫을 깔고 포토존을 준비하거나 감독 및 배우와의 대화를 마련한다면 더 인상 깊은 시간이 될 것입니다.

이 수업을 원활하게 진행하기 위한 몇 가지 유의점이 있습니다. 진행 전에 청소년 영화제 출품작 중 짧으면서도 주제가 확실한 영화를 보여주거나, 기존 영화를 다른 주제로 패러디할 수 있다고 안내하면 학생들의 부담을 덜 수 있습니다. 영화 장르는 다양하고 여러 방식으로 표현할 수 있음을 학생들에게 안내합니다.

단편영화제 수업 모습

    수업을 진행할 때 가장 어려운 점이 촬영 장소 제한입니다. 정규수업 외에 시간을 할애하기도 어렵고 학교 밖 과제가 되어버리면 학생들의 참여 의욕이 떨어질 수 있으니 되도록 수업 시간에 진행해야 합니다. 정규수업 중에 진행하되, 사전에 장소 활용에 대한 양해를 구하고 이동수업으로 진행하면 효율적입니다. 여러 개 모둠이 교사의 감독하에 촬영해야 하므로, 학생들과 사전에 상의하여 모둠들이 공통으로 촬영할 수 있는 장소를 선정하는 게 좋습니다. 활용할 수 있는 장소에서 촬영이 가능한 내용부터 부분적으로 촬영하여 편집하는 방식으로 진행하고, 교외 장소가 필요하다는 데 모둠원이 동의한다면 정규수업 이외 시간을 활용해도 된다고 학생들에게 안내합니다. 장소 제한으로 영화의 질이 조금 떨어질 수 있겠지만 한정된 환경 내에서도 학생들이 창의적으로 영화를 만들어낼 수 있다는 걸 경험하는 게 중요합니다.

학년 협의회를 통해 교과를 통합하여 한 학년 행사로 진행할 수도 있고, 행사로 진행 시 장소 섭외나 교실 밖 이동수업이 좀 더 자유롭습니다. 다양한 교과 특성이 어우러지면 양질의 작품이 나올 수 있는 것도 장점입니다. 학급별 상영회를 진행하고, 학년 상영회 및 시상식을 진행하는 것도 학생들에게 좋은 경험을 제공합니다.

▶ 공모전 참여

공모전 참여도 장기 프로젝트 수업으로 적절합니다. 업무관리시스템 [공문 게시판]이나 포털 사이트에 '공모전'을 검색하면 수많은 공모전이 나옵니다. 그중 학생들 특성이나 교과 특성을 살릴 수 있는 공모전을 선택하여 준비해보는 활동입니다. 몇몇 공모전은 입상 시 상금이나 상품을 주어, 이를 활용하여 학생들의 동기를 이끌낼 수 있습니다. 입시나 어떤 이익을 위한 게 아니더라도, 학교 밖 세상에서 무언가에 도전하고 성취하는 경험은 학생들에게 긍정적인 가치관을 형성해주고, 좋은 영향력을 남깁니다. 다 같이 목적의식을 갖고 활동한 경험과 수상 경험 덕분에 느낀 성취감이 이후 다양한 분야에 도전하는 용기를 줄 수도 있습니다.

공모전에 참가하기 위해서는 학생들과 함께 여러 공모전 소식을 살펴보고, 어떤 공모전에 참여하면 좋을지 논의합니다. 이 과정에서 학생들은 더욱 동기부여를 할 수 있고, 참여에 대한 의사를 확실히 표현할 수 있게 됩니다. 참여할 공모전을 정하면, 관련 공모전 참가 공문을 내부 문서로 기안하여, 학교장 승인을 받아야 합니다. 관내 교육청이나 시 교육청에서 진행하는 공모전에는 신청 양식을 잘 살펴보고 내부 결재를 득하고 외부로 신청서를 발송합니다.

매년 진행되는 공모전이라면 학생들과 함께 지난 수상작들을 찾아보며 수상 이유를 이야기해봅니다. 이 과정에서 학생들이 공모전 의도와 핵심을 스스로 깨달을 수 있어 양질의 작품을 만들 가능성도 커집니다. 모둠이나 학급이 협동하여 작품을 만드는 공모전이어야 모두 적극적으로 참여할 수 있습니다. 따라서 단체 참여가 가능한 공모전을 선택하고, 분야나 주제가 비슷한 학생끼리 모둠을 구성하여 아이디어를 모읍니다. 아이디어를 구상할 때 교사도 참여하여 조력하는 게 학생들의 참여 의욕을 더 불러일으킬 수 있고, 아이디어의 질을 높일 수 있습니다. 교사는 아이들의 아이디어가 입상할 수준이 아니더라도, 격려하여 끝까지 잘 참여할 수 있도록 이끌어줍니다. 해당 공모전이 아니더라도 비슷한 주제나 유형의 공모전에 재출품할 수 있으니, 지금 활동에 집중하도록 지속적으로 칭찬과 격려를 해줍니다. 공모전 결과가 나오면 수상 여부와 관계없이 수상작을 함께 살펴보는 시간을 갖습니다. 간단한 다과를 준비하여 편안한 분위기에서 함께 작품과 수상작들을 보며 일종의 품평회를 합니다. 이렇게 복기하고 성공 또는 실패 경험을 분석하면서 아이들에게 성장 기회를 제공할 수 있습니다. 자신감과 재도전 의욕을 불러일으켜 다음을 기약할 수도 있습니다.

▶ **그 외 활동**

여름날의 빙수 만들기

무더운 날 아이들과 함께 학교에서 빙수를 만들어 먹는 시간을 가져보면 어떨까요. 아이들이 보냉병에 얼음을 가져오면 제빙기로 갈아서, 빙수용 팥과 젤리를 넣어 먹습니다. 아이들에게 40~50분의 다소 짧은 시간에 즐거움을 선물할 수 있습니다. 얼음 대신 얼린 우유를 가져와 큰 그릇에 넣어 숟가락으로 부숴서 빙수를 만들 수도 있습니다.

책거리 파티

한 학기나 1년 중 가장 재미있고 기억에 남은 수업, 가장 힘들고 어렵던 수업, 가장 의미 있고 도움 된 수업, 요청하고 싶은 활동이나 수업을 이야기하는 것도 추천합니다. 수업에 다양하게 기여한 학생들에게 수상할 수도 있습니다. 학생들이 직접 후보를 선발·투표하는 방식으로 진행할 수 있습니다. 수업에 가장 열심히 참여한 '열심이', 수업 분위기를 즐겁게 만든 '웃음이', 기발한 아이디어로 수업을 풍부하게 도와준 '기발이' 등을 선발합니다. 수업 1인 1역할과 연계

빙수 만들기 활동 모습

하여 역할을 잘 수행한 학생들에게 수상할 수도 있습니다. 아이들에게는 지난 수업을 되돌아보고, 자기 역할 수행에 대한 성찰 및 다음 수업에 더욱 열심히 참여해야겠다고 다짐하는 계기가 될 수 있습니다. 교사는 수업에 대한 학생들의 반응을 확인하고, 자기 수업을 점검 및 연구할 수 있습니다.

03 수업 중 발생할 수 있는 일

불안정한 모습이나 부정적 사고, 충동성 등은 청소년기에 나타나는 자연스러운 특징으로 어느 시대 어떤 학생에게나 있을 수 있습니다. 자기만의 개성이 더욱 뚜렷해진 학생들은 갑자기 예상치 못한 상황을 만들기도 합니다.

수업 중 발생하는 갖가지 돌발 상황은 교사를 당황하게 하고 깊은 고민에 빠지게 합니다. 이럴 땐 혼자서 전전긍긍하기보다는 동료나 선배 교사에게 조언을 구하거나 교사 온라인 카페나 오픈채팅방에 도움을 요청하는 게 좋습니다.

많은 신규 및 저경력 교사가 고민하는 수업에서 발생할 수 있는 다양한 상황에 대한 경력교사들의 대처 방법 멘토링 내용을 살펴보겠습니다.

▶ 수업에 참여하지 않는 학생

수업 중 무기력한 학생은 지도하기 어렵습니다. 수업뿐 아니라 학교생활 전반에 흥미나 의욕이 없는 학생을 지도하는 건 어렵습니다. 무기력의 원인은 여러 가지인데 학생이 선천적으로 지닌 우울감이 원인일 수도 있고, 누적된 학습 부진으로 교과 내용을 따라가지 못한 것 때문일 수도 있습니다. 밤을 새워서 게임이나 다른 활동을 하느라 오전부터 활동하는 학교에서 힘을 못 쓰는 경우도 있고, 수업을 지루하게 생각하여 참여하지 않거나 엎드려버리는 경우도 있습니다. 무기력의 원인이 한 가지가 아닐 수도 있고, 근본적인 원인을 찾아 단시간 내 해결하는 게 어려울 수도 있습니다.

원인에 따라 구체적인 해결 방법이 다른데, 많은 교사가 제안한 방법의 핵심은 '관심'입니다. 이름을 불러주는 작은 관심부터 해당 학생이 좋아할 만한 것이나 아이의 특기가 무엇인지 주의 깊게 살펴봅니다. 그런 후에 아이가 자기 존재감을 드러낼 수 있는 활동에 참여시키는 것입니다. 수업 중 1인 1역할도 학생의 소속감과 자존감을 높일 수 있는 방법 중 하나입니다. 사소한 역할이라도 학생에게 부여하고 지속적으로 관심을 주며 칭찬하는 게 효과적입니다.

예를 들면 '수업 분위기 파악 팀장' 역할이 있습니다. 수업 분위기를 파악해서 학생들이 지루해하거나 힘들어하면 무조건 수업을 멈추고 1분 휴식을 제공하는데, 휴식은 1시간에 1번만 사용할 수 있습니다. 휴식 시간을 제공하니 친구들에게 환영받을 것이고, 교사에게도 좋은 타이밍에 휴식 시간을 제공하여 분위기를 환기해주는 역할입니다. 교사가 친구들 앞에서 수업을 다시 좋은 분위기로 시작하도록 도와주었다며 칭찬해준다면, 아이는 자기 역할로 모두에게 환영받는 경험을 하게 될 것입니다. 이것이 반복되면 긍정적 강화가 되어 수업 구성원으로 조금씩 참여하는 모습을 보일 것입니다. 그때는 더욱 공개적으로 칭찬해서 학생의 변화를 응원해줍니다.

이 외에도 학생의 관심과 특성을 고려하여 컴퓨터를 다루는 데 관심 있다면 수업 중 기술적인 부분에 대한 역할을 부여하거나, 음악에 관심 있다면 수업에 필요한 배경음악이나 영상을 선정하는 역할을 부여하여 수업에서 꼭 필요한 존재라는 걸 부각해주는 게 효과적입니다.

▶ 산만한 학생

학생들이 낯선 행동을 하는 이유 중 하나가 '관심 끌기'입니다. 선생님과 친구들 관심을 끌고 자기 존재가치를 인정받고 싶은 심리적 기제가 잘못된 방향으로 표출된 것입니다.

이럴 때는 소속감과 자존감을 높여주는 방법으로 낯선 행동에 예방 및 대응할 수 있습니다. 먼저 학생이 지닌 재능을 유심히 살펴보고 재능을 펼칠 수 있는 활동을 제안합니다. 그림을 좋아하는 학생이라면 그림을 그려 뽐낼 수 있는 수업 과제를 부여하고 의도적으로 그림을 칭찬하거나 잘 그린 학급 대표작으로 게시하는 것입니다. 학생의 작품을 교실 밖 복도에 게시작으로 전시하여 관심 받을 수 있도록 합니다.

일회성으로 그치지 않고 지속적으로 하되, 칭찬의 강도를 높이고, 다양한 방식으로 칭찬하는 게 중요합니다. 학습 멘토의 역할을 부여하는 것도 도움 됩니다. 그림 활동을 어려워하는 친구에게 도움을 주는 멘토 역할을 하며 '사람들에게 나의 재능을 기여하고, 이를 통해 수업에 참여하여 인정받고 있구나.' 하고 느끼게 하는 것입니다.

학기 초에 학급 규칙을 정하듯 수업 규칙을 정하는 것도 좋은 방법입니다. 교사와 학생들이 함께 수업 규칙을 정하고, 모두 이 규칙을 잘 지킨 수업마다 보상 제도를 활용하여 스티커를 제공하고 몇 개 이상 모았을 때 단체 보상해줍니다. 특정 학생으로 인해 보상받지 못했다는 것보다 그 학생이 잘 참여했을 때 보상해주는 걸 강조하는 게 더 효과적입니다. "오늘은 ○○이가 모둠활동에서 의견을 2번이나 말했고, ○○가 5분 이상 집중했으니 칭찬 스티커 드립니다."라는 식으로 잘한 점을 구체적으로 말해줍니다.

그 외에도 나이가 어리거나 신규교사라는 이유로 학생이 얕보는 태도를 보이고 수업 시간에 장난친다면, 수업이 끝나고 학생과 1:1로 대화하는 게 좋습니다. "○○아, 선생님은 ○○이와 친하게 잘 지내고 싶고, 좋은 관계를 맺고 싶은데 요즘 수업에서 ○○이가 이렇게 행동하면 속상하고 서운한 마음이 들어. 가끔은 상처 받아서 온종일 마음이 안 좋기도 해."라며 솔직한 감정을 이야기하고 학생과 긍정적인 관계를 형성하고 싶다는 의사를 밝히는 것입니다. 그 친구를 특별히 생각하고 있다는 것을 알 수 있도록 둘만의 약속을 정하고 약속을 잘 지키면 개인적으로 보상해주거나 칭찬하는 것입니다. '네가 그렇게 하지 않아도 선생님은 네게 관심을 줄 수 있고 이야기를 들어줄 수 있다.'라는 메시지를 지속적으로 전달합니다.

수업 시간에 차질을 줄 정도로 방해하는 학생에게는 반드시 그 행동이 수업 방해임을 인지시켜줘야 합니다. 학생과 라포르가 잘 형성된 경우에는 좋은 말로 타일러 문제를 해결할 수 있지만, 그렇지 않다면 좀 더 강하게 훈육하여 문제 행동을 교정해야 합니다. 수업 방해는 다른 학생의 수업권 침해 및 교권 침해와도 관련되기 때문입니다. 단, 교실 밖으로 문제 행동을 한 학생을 내보내는 것은 그 학생의 수업권 침해에 해당되므로 지양해야 합니다.

단순히 수업 시간에 집중하지 못하여 방해하는 학생은 벌점이나 상담으로 해결될 수도 있습니다. 그러나 ADHD나 교사에 대한 반항심 등 좀 더 복합적이고 단기간에 해결될 수 없는 이유로 수업을 방해한다면 수업 시간에는 해당 행동을 멈추도록 짧게 이야기하고, 수업이 끝나고 상담으로 원인 파악 및 추가 조치하는 게 필요합니다.

▶ 모둠활동 시 무임승차 학생

모둠활동을 효과적으로 진행하기 위해서는 몇 가지 장치가 필요합니다. 먼저, 모둠을 구성할 때 참여 정도나 수준을 고려하여 구성하는 게 효과적입니다. 해당 활동에 잘 참여할 수 있는 학생을 A군과 B군으로 나누고, 모둠에는 반드시 A군 1명과 B군 1명이 있도록 구성합니다. 한 모둠에 적극적으로 참여하는 학생이 2명은 있어야 모둠활동 목표를 달성할 수 있습니다. 그 외 친구 간의 합이나 재능에 따라 구성합니다.

활동 주제를 세분화하여 각자에게 역할을 부여하는 것도 효과적입니다. 큰 주제를 주고 토의하라거나 어떤 문제를 해결하라고 하면 잘하는 학생 소수만 하는 상황이 발생할 수 있습니다. 따라서 주제를 세분화하고 그중 가장 쉽게 해결할 수 있는 과제를 1~2개 마련해놓습니다. 모둠 내에서 주제별로 문제를 각각 해결해보고 토의하여 최종 과제를 제출하도록 합니다.

이런 활동이 어려운 학생들이 있는 모둠이라면, 과제를 다양하게 설정해놓습니다. 글로 적는 과제 외에 그림으로 제출하는 과제나 색칠하는 과제 등 다양하게 제시합니다. 간단하게라도 모두 참여할 수 있는 환경을 만들어야 모둠이 협력할 수 있습니다.

모둠별로 동료평가를 진행하는 것도 효과적입니다. 동료평가는 누가 잘했고 누가 못했느냐를 판별하기보다 '누가 어떤 역할을 잘해서 모둠에 기여했다'에 초점을 두어 평가하도록 합니다. 주제나 과제를 세분화 및 다양화하여 모두 참여했다면 이를 칭찬하는 것이죠. 동료 간의 칭찬은 다음 활동에도 열심히 참여할 동기부여가 됩니다.

더불어 생활기록부에 해당 내용을 기재한다고 미리 안내하고, 학생이 수업에 어떻게 참여하고 기여했는지를 기록하여 보여주는 것도 효과적입니다.

▶ **수업 과제 미수행 학생**

먼저 학생의 사유를 들어주는 게 필요합니다. 수업 과제가 학생의 학업 수준에 적합한지도 살펴봐야 합니다. 그리고 1:1 면담으로 과제를 하기에 어려운 상황인지, 다른 심리적 이유가 있는지를 들어주고 과제의 필요성을 설명합니다. 수업 과제를 지속적으로 하지 않는 학생은 대부분 학습 목표 및 내용을 제대로 인지하지 못한 것일 수 있습니다. 누적된 학습 결손으로 동기가 부족할 수도 있습니다.

수업 과제가 일반적인 학생과 같은 수준이나 방식으로 주어지면 어려워할 수 있으므로, 과제량과 난도를 낮추고 방식을 달리하여 제시할 수 있습니다. 학생이 흥미를 끌 수 있는 과제를 먼저 제시합니다. 다른 학생들에게 '사회적 기업'에 대해 조사해보라고 했다면, '사회적 기업과 관련한 사진 5장 찾아오기'와 같은 상대적으로 간단한 과제를 부여하는 것입니다. 학생이 어떻게 해서든 과제를 하려는 노력을 조금이라도 보인다면 과정에 대한 칭찬과 결과에 대한 긍정적인 피드백을 해주는 게 중요합니다.

과제를 하지 않는 학생에게 부정적인 피드백을 하거나 꾸중하는 것은 장기적으로 학생을 이끄는 데 좋은 결과를 가져올 수 없습니다. 자칫하면 감정적인 피드백이 될 수 있으므로 학기 초에 과제 제출과 관련된 수업 규칙을 세우고 규칙을 어길 시 어떻게 할지에 대해 감정을 배제하고 약속한 대로 이행하는 게 적절합니다. 그럼에도 과제를 하지 않는 학생은 쉬는 시간과 하교 시간을 이용하여 과제를 수행하고 하교하도록 지도합니다.

학원이나 다른 일정으로 하교 시간에 여유가 없다고 할 수도 있으니, 학기 초에 학부모 총회에서 교육 방침을 안내할 때 이와 관련된 내용을 공지하고 학부모 동의를 구해놓는 게 필요합니다. 방과 후 학생을 남겨 과제를 하게 할 때는 학부모에게 문자메시지나 전화로 이 사실을 반드시 알립니다.

최근 온라인 수업 체제로 전환하면서 학생들에게 과제를 부여하는 게 필수적인 상황이 되어, 과제와 관련하여 고민하는 교사가 늘고 있습니다. 먼저 학생이 과제를 수행할 수 있는 환경이 구축되었는지를 살피고, 지원할 수 있는 자원을 제공하며 지원 조건으로 규칙을 학생과 함께 세워보는 것도 효과적입니다. '과제 3번 이상 불이행 시 제공한 자원 반납' 등과 같은 조건을 제시하고 학생에게 과제 난도나 양을 조절해주겠다는 약속과 교사가 신뢰하고 있음을 전합니다.

▶ 자기 수업이 궁금한 교사

수업 준비를 열심히 하고 잘 가르쳤다고 생각하지만, 학생들에게 배운 내용에 대해 물어보면 대답을 못 하거나 언제 그걸 배웠냐는 듯 이야기하기도 합니다. 그럴 때 교사는 '내가 수업을 잘하고 있는 것인가?' 하는 회의와 좌절을 느낄 수 있습니다.

자기 수업이 어떤지, 수업을 잘 하는지 점검하고 싶다면 직접적인 대상자(학생)에게 묻는 게 가장 효과적입니다. 교사로서 학생에게 평가받는다는 게 부끄럽고 자존심 상할 수 있습니다. 객관적 평가가 가능한 수준인지도 잘 모르겠고요. 그러나 소비자의 요구(Needs)를 파악해야 소비자를 설득할 수 있듯 학생들 요구를 파악한다고 생각하면 어떨까요.

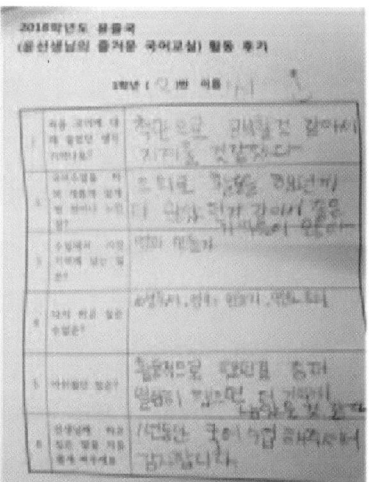

3. 온라인미술수업을 통틀어서 가장 인상적이었거나 오래 기억될 것 같은 것은?
(예 : 작품, 수업내용, 수업과제, 친구작품, 영상자체, 선생님의 표정이나 말투 혹은 멘트 등)

3. 온라인미술수업을 통틀어서 가장 인상적이었거나 오래 기억될 것 같은 것은?
(예 : 작품, 수업내용, 수업과제, 친구작품, 영상자체, 선생님의 표정이나 말투 혹은 멘트 등)

학생들의 수업 활동 후기 질문 예시(설문지 및 구글설문 활용)

학기 중 1~2회 학생들에게 수업과 관련하여 간단히 질문합니다. '가장 기억에 남는 수업과 그 이유는?', '가장 좋았던 수업과 그 이유는?', '가장 아쉬웠던 수업과 그 이유는?', '이런 수업도 해주세요.' 같은 질문을 담은 설문지를 나눠주고 피드백을 받습니다. 받은 피드백을 정리하여 학생들과 함께 좋은 수업을 강화하고 아쉬운 수업을 어떻게 보강할지 이야기 나눕니다. 많은 학생이 요구하는 수업이 있다면 적극 반영하여 다음 수업을 기획하는 것도 수업을 긍정적으로 이끌 수 있는 방법입니다.

혹은 교과부장과 상의할 수도 있습니다. 지난 수업에서 학생들이 어렵게 생각할 만한 활동이나 보완할 점이 있는지에 대해 묻는다든지, 미리 교과부장에게 이야기해두어 수업에서 어떤 것들을 힘들어하는지 관찰해달라고 요청할 수 있습니다. 동료 교사나 선배 교사에게 도움을 요청할 수도 있습니다. 수업에 참관하거나 공개 수업에서 자기 수업에 관해 함께 이야기 나눠본다면 자기 수업의 장점을 키우는 계기가 될 것입니다.

교사는 자기 수업에 있어 최고의 권위자이며 전문가라는 사실을 잊지 말고, 자신감을 잃지 않되 더 좋은 수업을 하도록 노력하는 것이죠. 정식 참관이 부담스럽다면 공강 시간 중 다른 교사 수업은 어떻게 진행되는지 복도에서 은근슬쩍 수업 분위기를 확인하는 방법도 있습니다.

▶ **교사로서의 성장 욕구**

바쁜 하루 일과를 마치고 집에 돌아가는 길에 마음이 공허한 적 있나요? 열심히 무언가를 하는데 남는 게 없는 것만 같고, 매일이 고단하고 힘들어 내일이 오는 게 두려워지기도 합니다. 이런 심리적 소진이 이어지면 교직 생활에 회의감이 들 수 있습니다. 그럴 때 쉼도 필요하겠지만 '무언가' 해보는 게 기운 회복과 자기 성장에 도움됩니다.

성장을 위해서 연수를 받거나 연구를 진행할 수 있습니다. 수업이나 학급 경영 및 생활지도와 관련하여 많은 교사가 블로그나 온라인 카페에 정보를 공유합니다. 다양한 연수 사이트에서도 유용한 내용의 연수를 접할 수 있습니다.

가장 좋은 방법은 교육 공동체(전문적 학습 공동체, 교원 공동체 등)에 참여하는 것입니다. 혼자서 여러 가지를 준비하는 게 쉽지 않고 스스로 놓인 상황에 적용하는 게 적합한지 검증하기 어렵기 때문입니다. 교육 공동체에는 같은 고민을 하는 다른 교사가 많으니, 교사로서 서로의 고민에 공감 및 지지할 수 있습니다. 고민을 나누고 이를 해결하기 위한 논의 및 연구를 함께하는 모임은 교사로서 회복과 성장에 많은 도움이 됩니다.

교육 공동체는 교내 모임이 아니라도 괜찮습니다. 재직 학교 밖 각지에 유능하고 열정 있는 교사가 모여, 다양한 정보와 기회를 얻을 수 있는 교육 공동체에 참여해보길 추천합니다. 그 밖에 수업하다 마주하게 되는 문제는 다양한 신규교사 카페*나 오픈채팅방** 모임에서 같이 논의하고 정보를 공유하며 성장할 수 있는 길을 모색해보세요.

---

* 예) 돌봄치유카페(https://cafe.naver.com/ket21) 또는 교컴(http://eduict.org/)
** 예) 학급경영연구 7번방의 선물(https://open.kakao.com/o/g5vxxoWd)

4장

학생상담 어떻게 접근해야 할까?

편안하게 접근하는 상담

김쌤   선생님들, 요즘 바쁘시죠?

오쌤   네. 학기 초에 학생상담 주간까지 겹쳐 늦은 시간까지 일하고 있어요. 지금 하는 상담이 중요한데, 쉽지만은 않네요.

김쌤   학생들을 상담하다 보니 막막할 때가 많아요. 할수록 어렵다는 생각이 들어요.

오쌤   공감해요. 신학기라 아이들이랑 라포르 형성도 아직 되어있지 않은데, 상담을 어떻게 시작해야 할지 모르겠고, 시간도 짧아서 깊이 얘기하기가 어려우니 형식적인 묻고 답하기로 끝나기도 해요.

윤쌤   학기 초뿐만 아니라 학생상담은 상시로 이뤄져야 하는데 상담에는 기술이 필요하기도 해요. 함께 살펴볼까요?

●   학생상담은 교사에게 중요한 업무입니다. 중·고등학교 교사는 흔히 말하는 '질풍노도(疾風怒濤)의 시기'인 청소년기 학생들과 거의 매일 마주합니다. 이 시기는 심리·정서적으로 미숙한 시기입니다. 아이들이 자아 정체감에 혼란과 위기를 경험하는 한편 자아를 형성하고 확립하는 시기이기 때문입니다. 그렇기 때문에 학생들은 자아를 찾는 과정에서 불안이나 우울, 걱정, 두

려움 같은 감정의 소용돌이에 휘말려 갈피를 잡지 못하고 방황하기도 합니다. 자기를 둘러싼 관계와 학업 및 진로에 대한 고민도 많이 합니다. 이런 학생들이 스스로 올바르게 바라보고 성찰하며 긍정적인 자아를 형성할 수 있도록 돕는 게 교사의 역할입니다. 상담의 중요성은 특히 '예방'에 있습니다. 학교는 다양한 일이 벌어지는 곳입니다. 학생의 안전을 위협하는 일이 발생할 수 있는데, 이를 예방하는 게 제일 중요합니다. 미리 학생의 특성과 상황을 파악하기 위해 매 학기 초에 기초 상담을 하고, 가까이서 학생을 지켜보며 수시로 상담을 진행하는 게 적절합니다.

상담이 학생의 성장을 지원하는 데 큰 역할을 하므로 학교마다 전문상담교사가 있습니다. 하지만 전문상담교사가 모든 학생을 담당하기도 어렵고, 학생들이 자발적으로 자기 문제상황을 발견하고 이를 해결하기 위해 전문상담교사를 찾는 일은 흔치 않습니다. 담임교사나 교과교사가 학생들을 좀 더 가까이에서 지켜볼 수 있고, 학생들도 담임교사와 교과교사를 물리적·심리적으로 더 가깝게 느낍니다. 따라서 학교에 있는 모든 교사는 언제든 상담자가 될 수 있으므로, 상담을 위한 기본적인 지식과 역량을 갖춰야 합니다.

01 기초 상담

I. 사전 설문지 활용 상담

학기 초 상담은 학생 개개인의 특성이나 성향을 파악할 수 있고, 교사가 학생과의 관계를 형성하는 데 도움이 됩니다. 또한 학급에 모인 학생들 성향에 맞게 한 해 학급살이를 어떻게 운영하면 좋을지 큰 틀을 잡을 수 있습니다 '학생상담 주간'이 매 학기 초에 필수 학교 행사로 자리하고 있는 이유입니다. 학기 초는 바쁘고 정신없는 시기여서 충분한 시간을 내어 상담을 진행하기 어렵습니다. 시간 단축과 양질의 상담 진행을 위해 학기 초에 기초조사 자료와 담임교사 개별 설문지를 학생들에게 나눠주기도 합니다. 설문은 학생이 무엇을 좋아하고 싫어하는지, 주요 관심사나 고민, 방과 후 모습, 평소 생활 습관, 부모나 친구와의 관계 등 학교생활을 안정적으로 할 수 있는지, 어려움이 무엇인지를 추측할 수 있는 질문으로 구성됩니다. 학생의 사생활에 지나치게 깊이 관여하거나 대답이 곤란한 직접적인 질문을 하는 건 지양해야 합니다. 직접적인 질문보다는 학생의 답변으로 상황이 추측될 수 있는 수준으로 질문을 만드는 게 학생들의 솔직한 답변을 얻는 데 도움 됩니다. 딱딱하게 취조하는 내용이나 문체보다 학생들이 자신에 대해 이야기하는 게 부담스럽지 않도록 부드러운 문체나 내용으로 구성하면 더 효과적입니다.

쉿! 선생님께만 알려드리는 나의 이야기

※ 이 자료는 담임선생님 외 그 누구도 보지 않습니다.
선생님에게조차 공개를 원하지 않는 내용은 작성하지 않아도 됩니다.

1. 나를 소개합니다

( )학년 ( )반 ( )번 이름 ( )				
연락처(휴대전화)		현주소		
출신 학교		내 별명 / 이유		
특기 또는 흥미 (자세히)			나의 진로 희망	부모님이 바라는 진로 희망
가장 친한 친구 이름	우리 반: 다른 반:		다른 학교 친구: (OO학교/이름)	
좋아하는 과목			싫어하는 과목	
존경하는 인물이나 좋아하는 인물 / 이유 (연예인 가능)				
아침밥 먹어요?	① 매일 먹고 와요 ② 종종 먹고 와요 ③ 거의 안 먹거나 전혀 안 먹어요			
등교는 어떻게?	걸어서 / ( )를 타고 ( )분 걸려요. ( )와 같이 주로 등교해요.			

방과 후에는?	학원에 간다면 어디? 학원에 있는 시간은?	
	집에 있을 때는 뭐해요? (시간대별로 알려주면 좋아요)	
	언제 자고 언제 일어나요?	
나의 주요 관심사는?		

2. 저희 집을 소개합니다(위급한 일이 있을 때 필요해요).

성함 (나이)	관계	연락처	동거 여부 (O/X)	나와의 친밀도			특기 사항 (가족 내 역할이나 특징 등)
				상	중	하	
				상	중	하	
				상	중	하	
				상	중	하	
				상	중	하	
				상	중	하	

3. 보호자와 나의 사이가 좋을 때나 싫을 때를 이야기해주세요.

사이는 어때요?	
좋을 때	
싫을 때	

4. 작년 학교생활을 힘들게 한 친구나 선배가 있어서 혼자 해결하기 어려운 경우가 있었다면 구체적으로 적어주세요. 선생님이 도와줄게요(비밀 절대 보장).

5. 건강 상태를 자세히 써준다면 자리 배치나 급식, 체육 시간 등에 반영하도록 할게요(어디가 얼마만큼 좋지 않으며, 현재 앓고 있는 병이나 알레르기, 기타 학교생활 하는 데 불편한 일을 자세히 알려주세요).

6. 새 학년이 된 여러분의 생각과 각오 한마디!

7. 담임선생님께 하고 싶은 말은?(선생님의 첫인상은 어때요? 1년 동안 선생님께 바라는 점이나 도와줬으면 하는 일은? 등)

학생 개별 설문지 예시

설문을 완료한 후에는 이 설문을 바탕으로 학생과의 상담을 진행합니다. 많은 교사가 상담할 때 어떤 질문을, 어떤 순서로 하면 좋을지 고민합니다. 설문지를 학생과 함께 보면서 이야기하면 좀 더 체계적으로 질문할 수 있고, 이미 적힌 학생의 답변이 있기 때문에 필요시 답변과 관련하여 심층적으로 이야기를 나눌 수도 있습니다. 짧은 시간에도 어느 정도 상담이 가능하여 학생들이 쉬는 시간과 방과 후 시간을 활용해 상담 기간 내 양질의 상담을 진행할 수 있습니다. 상담 시간은 다음과 같이 진행할 수 있습니다.

상담하고 나이스에 '학생상담 누가기록'을 입력합니다. 상담 내용 중 특이 사항이나 기록이 필요한 사항을 바탕으로 작성합니다. 누가기록에 상담 내용을 입력할 때는 상담 일시나 상황, 내용을 구체적

상담 시간표 예시

> **김쌤** 효성아, 효성이가 정성스럽게 작성해준 설문 내용 잘 보았어. 설문 내용이나 지금부터 우리가 나눌 대화는 너의 행복한 학교생활을 위해 선생님이 도울 일이 뭐가 있을지 찾아보기 위한 것이니 편하게 이야기 나눴으면 좋겠다. 선생님은 효성이의 대답 중에 ~라고 한 점이 인상 깊었어. 효성이가 참 속이 깊은 친구라고 생각했거든. 평소에도 이렇게 하기 위해 노력하는 편이니?
> (☞칭찬이나 좋은 점을 부각할 수 있는 질문으로 상담 시작해 분위기 형성하기)
>
> **효성** 네.
> (☞학생의 짧은 대답)
>
> **김쌤** 어떤 활동을 주로 해왔어? 그 활동하면서 힘든 점은 없었어?
> (☞구체적인 대화 유도)

설문을 바탕으로 한 학생상담 예시

으로 기록해놓아야 신뢰성 있는 자료가 될 수 있습니다. 누가기록은 생활기록부에 공개적으로 기재되는 사항이 아니기 때문에 부담 없이 상담할 때마다 어떤 내용이었는지 적어둘 수 있습니다. 꾸준한 누가기록은 교사의 학생지도 과정이나 지도에 대한 학생의 대응 방식을 살펴보는 자료가 될 수 있습니다. 학생이 다른 학교로 전학한다면 해당 기록이 전학 학교에 함께 전달되기 때문에 학생을 새로 맡게 된 교사에게 학생의 상황이나 특성을 연계하여 추수 지도가 가능합니다. 법적 분쟁이 있을 때 중요한 자료가 됩니다. 상담 내용을 입력할 때는 사실대로 기록하되, 개인적이고 부정적인 견해를 덧붙이는 것은 또 다른 분쟁거리가 될 수 있는 데 유의해야 합니다. 상담 후 바로 누가기록을 작성하면 좋지만, 교사에게 시간 여유가 없을 때는 방과 후에 따로 시간을 내어 작성합니다. 이럴 때 설문지가 큰 역할을 합니다. 설문을 바탕으로 상담 내용을 기록해두면 중요 내용을 빠뜨리지 않고 기록할 수 있고, 설문지가 누가기록에 입력한 내용의 증빙자료가 됩니다.

많은 신규교사가 질문했어요

Q. 학기 초 학부모 상담 진행 방법?

학부모 상담 사전에 설문을 작성하여 활용하면 자연스럽게 상담을 진행할 수 있습니다. 학기 초에 학생용과 별도로 학부모용 설문을 각 학생의 가정에 보냅니다. 설문은 자녀가 무엇을 좋아하는지, 여가를 어떻게 보내는지, 자녀와 하루에 얼마나 대화하는지, 자녀가 어떻게 성장하길 바라는지, 올해 자녀에게 바라는 점 등 자녀와의 관계나 자녀에 대한 바람을 알 수 있는 내용으로 구성합니다. 이때 질문이 너무 많거나 세세한 답변을 요청하면 답하기 어려울 수 있으므로 유의합니다. 설문만 보내는 것보다 담임을 소개하고 한 해의 계획을 적은 인사글을 덧붙이는 게 더 좋은 인상을 줄 수 있고, 답변을 잘 이끌어낼 수 있습니다. 학생 설문과 학부모 설문을 둘 다 활용하면 학생에 대한 좀 더 명확한 정보를 얻을 수 있습니다. 교사가 학부모 상담 시 궁금한 점을 질문하고 학부모 입장에서도 자녀의 이야기를 쉽게 꺼낼 수 있습니다. 학부모가 교사를 통해 부모가 모르던 아이의 생각을 알 수도 있고, 아이가 몰랐던 부모의 생각을 알 수 있어, 교사는 학생과 부모가 서로 마음을 전하는 매개체가 될 수 있습니다. 이처럼 설문을 바탕으로 교사와 가정이 협력하여 아이의 1년 지도를 계획할 수 있습니다.

2. 메신저 활용 상담

학기 초에 상담이 어려운 건 아직 학생과 친밀한 관계를 형성하기 전이고, 그런 관계를 만들기에 시간 여유가 많지 않기 때문입니다. 교사는 학급 전체를 정해진 기간 내에 상담해야 하는데, 업무처리에 수업 준비에 상담까지 하려면 벅찰 수 있습니다. 상담에 대한 시간 투자는 많이 할수록 좋지만, 아이들이 방과 후에 상담하는 것을 부담

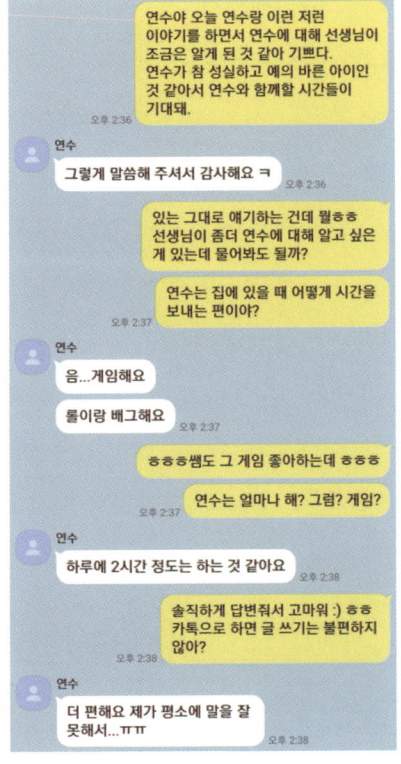

메신저 활용 상담 예시

스러워하는 경우가 많아서 쉽지만은 않습니다. 아이가 빨리 집에 가고 싶은 마음에 교사의 질문에 대충대충 답하고 후다닥 가방을 들고 가는 뒷모습을 보면 교사의 마음이 씁쓸해지기도 합니다.

 그래서 방과 후에 학생들과 카카오톡 메신저를 활용하여 상담하기도 합니다. 쉬는 시간에 잠깐 상담했던 내용을 바탕으로 좀 더 깊이 대화하는 것입니다. 요즘 많은 학생이 대면 상담보다 메신저 상담을 더 편안하게 생각합니다. 말보다는 자기 생각을 좀 더 정리할 틈을 갖고 이야기할 수 있기 때문이기도 합니다. 이처럼 메신저로 솔직하고 편안한 분위기에서 이야기하면 상담 중에 학생과의 친밀감도 더 쌓이고, 학생도 1:1 메신저 상담 이후 선생님과 더 가까워졌다고 느끼며 더 쉽게 마음을 엽니다. 단, 학생에게도 상담 기록이 남기 때문에 기록 유출의 위험이 있으니, 비밀 유지가 필요한 내용은 대면 상담으로 진행하는 게 적절합니다. 학생의 특성을 고려하여 대면 진행이 나을지, 메신저 진행이 나을지 판단합니다.

02 심리 및 고민 상담

1. 교구 활용

상담을 시작하기에 앞서 학생과의 라포르 형성이 중요합니다. 아이와 라포르를 충분히 형성하고 아이가 자기 상황을 객관적으로 볼 수 있고 문제에 직면하여 해결할 힘을 길러주는 게 상담의 목표입니다. 그러나 교사는 상담 전문가가 아니기 때문에 매끄럽게 진행하는 게 쉽지 않습니다. 이럴 때는 상황에 맞는 교구를 활용하면 좀 더 수월하게 진행할 수 있습니다. 시중에 많은 상담 교구가 있는데, 그중 특히 학생 마음을 다독여주고, 자아 성찰을 효과적으로 돕는 교구로 추천할 만한 게 '감정카드'입니다.

감정카드에는 다양한 감정을 표현하는 단어와 그림이 그려져 있습니다. 이 카드를 활용하면 감정표현이 서툴거나 선뜻 마음을 열고 말하기 어려운 상황에서도 편안한 분위기를 형성할 수 있습니다. 라

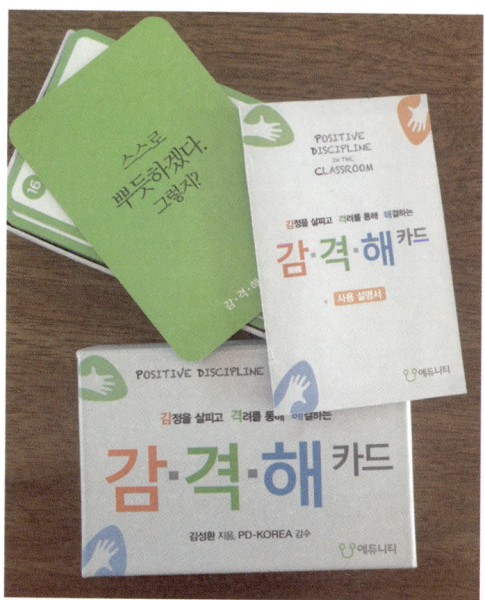

상담 진행에 유용한 도구인 감정카드

포르 형성도 수월해집니다. 감정카드마다 구성이 다르니 상황에 맞게 선택하여 활용하면 되겠습니다. 일례로 '감격해 카드'는 감정 카드, 격려 카드, 해결 카드 세 종류로 구성됩니다.

2. 감정카드 활용 개별 상담

학생들에게 "지금 심정이 어때? 이럴 땐 어떤 감정이 들어?"라고 물으면 '좋아요' 혹은 '싫어요' 이상의 대답을 듣기 어렵습니다. 많은 학생이 감정과 관련한 다양한 단어에 대한 이해가 부족하여 자기감

감정카드 | 격려카드 | 해결카드

정을 정확하게 표현하기 어려워합니다. 감정을 나타내는 다양한 표현이 그림과 글로 적힌 감정카드를 활용하면, 학생 스스로 카드를 고르는 과정에서 현재 자기 감정이 어떤지, 왜 그런 감정인지를 가만히 살펴보게 됩니다. 이런 과정에서 교사는 학생이 겪는 고민이나 문제상황을 자연스럽게 꺼내도록 이끌 수 있습니다. 고민이나 문제상황과 관련된 상담이 아니더라도, 상시 상담을 진행할 때 감정카드로 학생 마음을 열면 더 적극적으로 상담에 참여하게 할 수 있습니다.

감정카드 활용 상담 방법
- 학교생활을 하며 자주 느낀 감정을 나타내는 카드 세 가지를 골라보게 하기
- 카드를 하나씩 보며 자기감정을 살피고, 그런 감정의 이유를 말하게 하기
- 학생이 말하는 내용을 경청하며 자연스럽게 상담하기

감정이 한 단어로만 표현되기 어렵기도 하고, 학생의 고민이나 생각이 많다면, 카드를 여러 개 고르도록 합니다. 카드를 세 가지 정도 고르는 게 복잡하지 않고, 학생도 부담을 느끼지 않습니다. 감정카드를 고른 뒤에 격려카드나 해결카드를 활용하면 긍정적인 상담 분위기를 고조시킬 수 있습니다.

감정카드에 이어 격려카드와 해결카드 활용 상담 방법
- 앞서 학생이 선택한 감정과 이유를 말한 후, 스스로 하고 싶은 말을 격려카드에서 고르고 읽게 하고, 고른 이유를 설명하도록 하기
- 교사도 학생에게 해주고 싶은 말을 골라서 읽어 주고, 고른 이유를 말하기
- 학생 스스로 문제해결의 열쇠를 얻는 경험이 필요하면 해결카드를 골라 이유를 말해보도록 하기

격려카드에는 갖가지 격려해주는 말이 적혀있습니다. '마음을 위로해주는 글'이 약해진 마음을 어루만져주며 감동을 자아내듯, 카드에 적힌 격려 문장을 읽으면 마음의 울림을 느낄 수 있습니다. 눈으로만 읽는 데 그치지 않고 소리를 내어 읽으면 시각적 자극과 더불어

청각적인 자극이 더해져 감동이 배가 되고 오래 기억에 남아 스스로 위로하고 격려하는 데 더 큰 도움이 되니 반드시 카드를 읽도록 합니다. 이렇게 진행하면 평소 자기감정 표현에 어려움을 겪던 아이도 마음을 열고 스스로 안고 있던 심리적 문제나 어려움과 관련하여 감정의 정화를 느끼고 용기를 얻습니다. 찾지 못했거나 외면하던 문제해결 방법을 해결 카드로 찾아 실천할 수도 있습니다.

3. 감정카드 활용 집단 상담

개인 상담 외에 집단 간 오해나 갈등이 있을 때도 카드를 활용하여 해결할 수 있습니다. 또래 집단 내 감정싸움은 학교생활에서 주로 겪는 갈등입니다. 아이들의 감정싸움은 골이 깊어지면 돌이키기도 어렵고, 학급 전체에 부정적인 분위기를 형성할 수 있습니다. 갈등이 있는 친구를 은근하게 따돌리는 학교폭력으로 이어질 수도 있어 예방 및 초기 대응이 중요합니다. 이를 해결하기 위해 교사가 함부로 개입하는 것은 적절하지 않습니다. 아이들에게 집단 상담 동의를 얻어 카드를 활용하여 상담을 진행합니다. 아이들이 서로 진지하게 속마음을 말할 자리를 마련해 주는 것입니다.

감정카드 활용 집단상담 방법
- 문제상황에 대해 친구 A가 어떤 감정일지 생각해보고, 친구 B·C·D가 해당하는 감정카드를 1~2개 고른 후에 이유를 말하도록 하기(친구의 마음

상태에 공감하게 하여 부드러운 상담 분위기 만들기)
- 친구들이 뽑은 카드 중 A가 자기감정에 해당하는 카드를 받아서 자기 앞으로 가지고 가고, 그 카드를 고른 이유를 말하도록 하기
- 친구 B가 어떤 감정일지 생각해보고 친구 A·C·D가 위와 같은 방법으로 이야기하도록 하기(반복하여 D까지 모두 이야기하도록 하기)
- 친구 A에게 하고 싶은 말이 담긴 격려카드를 뽑아 읽어주고, 그 카드를 뽑은 이유를 말하며 선물하도록 하기. 카드를 받은 A는 카드를 준 친구에게 감사 및 소감을 이야기하도록 하기(B~D도 반복)
- 모든 친구가 서로 감정을 이해하고 공감하는 시간을 갖도록 하기

이처럼 카드를 활용하면 쉽게 꺼내기 어려운 감정, 스스로 외면하던 감정을 알게 되고 진심 어린 위로나 격려를 표현할 수 있습니다.

03 진로 진학 상담

중등학교에서 다음 학년이나 상급학교로의 진학은 인생의 방향을 좌우하는 기점이 되기도 합니다. 학생들은 진로나 진학을 결정하는 데 고민하기도 하고 스트레스를 받기도 합니다. 학교마다 전문 진로 교사가 있지만, 해당 교사가 교내 모든 학생을 담당 및 관리하기 쉽지 않습니다. 따라서 담임교사가 아이들 가까이서 관리·상담하고, 전문적인 도움이나 자료가 필요한 경우에 직접 진로 교사와 상담하길 권합니다.

매 학기 초에 진로 희망 조사서가 배부되고, 학생들은 부모와 상의 후 어떤 진로를 희망하는지를 적어 제출합니다. 이는 생활기록부에 기록됩니다. 어느 정도 미래 계획을 갖고 진로를 준비하는 학생이 있는가 하면, 아직 꿈이나 진로에 대한 확신이 없어 진로 희망 조사서를 공란으로 제출하는 학생도 있습니다. 어떤 학생은 진로 상담

시 갈피를 잡지 못하고 묵묵부답으로 응하기도 하는데, 이럴 때 학생을 압박하거나 면박을 주어서는 안 됩니다. 진로 희망 조사서에 특정 직업 외에 관심 있는 분야를 포괄적으로 기재 가능한 것도 참고할 수 있습니다. 명확한 진로를 정하지 못한 학생은 '진로 적성검사'와 같은 검사 도구로 검사를 시행하고 그 결과를 바탕으로 학생의 적성에 맞는 진로를 안내하거나 관련 정보를 제공하는 게 적절합니다.

상급학교에 진학하는 3학년은 진로 진학 상담이 구체화되어야 하기 때문에 담임교사도 관련 정보를 폭넓게 섭렵해야 합니다. 진로교사도 함께 학생들을 관리·지도합니다. 하지만 담임교사도 각 학교로 전달되는 진로 진학 정보를 잘 정리해두고, 각 시·도 교육청 진로진학정보센터에서 필요한 정보를 실시간 수집하고자 노력해야 합니다. 고입 및 대입 진학 정보와 관련하여 매해 변하는 정보를 파악해둬야, 학년 초 진로상담을 구체적으로 진행하고 학생에게 유용한 정보를 바로 제공할 수 있습니다. 교사에게 정보가 많아야 학생들이 진로 진학의 폭을 넓힐 수 있고, 적성에 맞는 학교로 진학할 수 있습니다. 학기 초에 학생들에게 자기소개서를 한 번씩 작성해보도록 지도하는 것도 진로 진학 준비에 도움 됩니다. 진학을 원하는 상급학교에서 요구하는 자기소개서 양식을 제공하고, 학기 초에 적어보게 하면 앞으로 준비해야 할 게 무엇인지, 채워야 할 소양이 무엇인지 알 수 있기 때문입니다.

많은 신규교사가 질문했어요

Q. 진로 진학 정보 한눈에 볼 수 있는 사이트?

　각 시·도 교육청에서 제공하는 진로진학정보센터가 있습니다. 실시간으로 공지되는 고입 및 대입 진학 정보를 확인 및 활용할 수 있습니다. 다음 사이트를 참고하세요.

서울특별시교육청 진로진학정보센터: https://www.jinhak.or.kr/
인천광역시교육청 인천사이버진로교육원: https://cyberjinro.ice.go.kr/
부산광역시교육청 부산진로진학지원센터: https://dream.pen.go.kr/
대구광역시교육청 진학진로정보센터: http://www.dge.go.kr/jinhak/
광주광역시교육청 진로진학정보센터: https://jinhak.gen.go.kr/
대전광역시교육청 진로진학정보센터: http://www.edurang.net/
울산광역시교육청 진학정보센터: https://jinhak.use.go.kr/
세종특별자치시교육청 진로진학정보센터: https://sjcc.sje.go.kr/
경기도교육청 경기진학정보센터: http://jinhak.goedu.kr/
강원도교육청 강원진학지원센터: https://jinhak.gwe.go.kr/
충청북도교육청 충청북도진로교육원: https://jinro.cbe.go.kr/
충청남도교육청 진로교육센터: http://career.edus.or.kr/
전라북도교육청 진로진학: https://www.jbe.go.kr/jinro
전라남도교육청 진로진학지원센터: https://www.jne.go.kr/jinro
경상북도교육청연구원 경북진학지원센터: http://www.gbe.kr/jinhak/
경상남도교육청 경남진로교육센터: http://www.gbe.kr/jinhak/
제주시교육청 진로교육지원센터꿈팡: https://www.dreampang.or.kr/

04 상담 유의 사항

학생과 상담 중에 가슴 아픈 사연을 듣거나, 학생의 안전에 위협이 되는 중대한 사안을 알게 되기도 합니다. 교사는 아이의 상황에 공감하고 이를 해결하고자 하는 마음이 들게 마련입니다. 특히 신규 교사는 학생이 겪는 모든 문제를 어떻게든 해결해주고 싶은 마음이 앞설 수 있습니다. 해결사처럼 직접 나서서 문제를 해결해주고 싶고, 그렇게 하면 능력 있는 교사가 되는 것처럼 생각할 수 있습니다. 그러나 이는 실수이자 잘못된 판단입니다.

상담의 목적은 문제해결이 아닙니다. 학생 이야기를 공감하며 경청하고 명확한 해결책을 딱 제시하는 게 반드시 좋은 상담은 아닙니다. 내담자가 스스로 문제를 해결할 수 있는 내면의 힘을 탄탄히 기르도록 '돕는' 게 상담의 가장 큰 목적입니다.

예외적으로 전문 기관이나 전문가의 도움을 필요로 하는 경우도 있습니다. 성폭력, 가정폭력, 학교폭력, 자살 및 자해 등 학생의 안전을 위협하는 중대한 사안은 담임교사 혼자 해결하려고 해서는 안 됩니다. 교내 위클래스 상담 전문 교사와 교감교사에게 사안을 알려야 합니다. 특히 성폭력* 사안은 학생이 알리는 것을 원치 않더라도 학생의 보호를 위해 법률을 따라야 함을 충분히 설명하고 신고 절차에 맞게 수사기관에 신고(법률에 근거한 교육부 지침)해야 하며, 사안에 따라 해당 전문 기관이나 전문가의 도움을 받아야 하니, 관련 매뉴얼을 숙지하고 있어야 합니다. 담임교사는 평소 정서적으로 불안정하거나 어려움이 있는 학생이 있지는 않은지 주의 깊게 살펴보고, 필요한 경우에는 위클래스와 연계하여 정기 상담으로 학생의 안전을 확보하도록 도와야 합니다.

---

* 교육부, 학교폭력사안처리 가이드북 개정판(2020), p.124 발췌.
　■ 피해자가 신고를 원하지 않는 경우
　◆ <아동·청소년의 성보호에 관한 법률>, <성폭력 방지 및 피해자보호 등에 관한 법률>에서는 이에 대하여 별도의 예외 규정을 두고 있지 않으므로 신고 의무자는 피해자의 의사와 무관하게 성범죄 발생 사실을 수사기관에 신고하여야 한다.
　◆ 즉, 피해자의 고소권 행사 여부와 신고 의무자의 신고 의무는 별개이므로, 신고 의무자는 피해자가 범죄 신고를 원하지 않는다고 할지라도 반드시 신고해야 한다.

5장

학급 행사 다 함께 즐겨볼까?

함께 쌓아가는 시간

윤쌤   오 선생님. 뭘 그렇게 고민하며 예능 프로그램을 시청하세요?

오쌤   학년 초보다 우리 반 아이들과 친해져서 웃을 일이 많아졌는데요. 아이들과 더 재미있게 특별한 시간을 만들어볼 수 있을지 고민하고 있어요.

윤쌤   김 선생님, 그동안 다양한 학급 행사를 진행한 경험과 노하우를 공유해주실 수 있을까요?

김쌤   네, 저는 주로 학급 학생 모두 참여하고, 비용이 많이 들지 않고, 짧은 시간에 진행할 수 있는 학급 행사를 합니다. 재미와 의미, 감동까지 느낀 사례를 소개해 보겠습니다.

- 학급 행사는 아이들과 담임교사가 학급에 대한 소속감을 깊이 느끼며 단합력을 형성할 수 있는 계기가 됩니다. 월별로 학급 행사를 효과적으로 진행하면 추후 야외 체험활동이나 수련회, 소규모 테마형 교육여행 시 학급 단합력과 협동력을 발휘하는 데 효과적입니다. 무엇보다 학급 행사를 통해 담임교사와 학생들 간에 깊은 라포르를 형성할 수 있는 게 장점입니다. 교사가 편안한 환경을 조성할수록 학생들은 긍정적인 태도를 보입니다. 소소한 학급 행사라도 아이들에게 훗날 추억으로 남을 수 있으니, 교사로서 학급 행사를 준비하는 데 더 정성을 기울이고 책임을 느껴야 하겠습니다.

01 친근감을 높이는 학급 행사

I. 화이트데이 초콜릿 증정과 학급 사진 촬영

난이도	★☆☆	소요 예상 금액	2~3만 원 내외
준비물	초콜릿	추천 행사 진행일	3월 14일경

매년 담임교사로 아이들에게 처음 선물하고, 그 시간을 기념하는 날이 바로 '화이트데이'입니다. 화이트데이는 보통 3월 둘째 주에 있는데, 이 시기는 아이들이 새로운 학급과 친구들, 낯선 환경에 적응하는 때입니다.

이 기간에 담임교사가 주는 선물은 아이들에게 학급 소속감과 교사에 대한 친근한 정서를 형성해주는 역할을 합니다.

초콜릿 증정에 그치지 말고, 이를 기념하는 학급 첫 단체 사진을 촬영해보는 건 어떨까요? 초콜릿 증정을 학급 단체 사진 촬영을 위

담임교사의 사진 및 담임교사가 쓴 문구를
초콜릿과 함께 증정할 수도 있음

한 계기로 활용하는 것입니다. 조회 시간에 교실 뒤쪽으로 아이들을 가도록 하여 공식적인 첫 학급 단체 사진을 촬영합니다. 아이들에게 특별한 순간을 선물하고, 아이들의 즐거움을 사진으로 남길 수 있습니다.

3월 초부터는 초콜릿 판매가 급증하는 시기로 제품 구입이 어렵거나 배달 기간이 소요되어 제때 초콜릿을 배송받지 못할 수 있습니다. 2월 학급 학생 명렬표를 배부받은 뒤, 미리 구입하되 학급 인원수보다 한두 개 더 구입하는 것을 추천합니다. 2월 말 혹은 3월 초에 갑작스럽게 전입생이 발생할 수 있기 때문입니다.

▶ **학급 단체 사진 촬영 팁**

야외 체험학습이나 체육대회, 수련회에서 학급 단체 사진을 촬영할 때 다음 사항을 준비하면 효과적입니다.

교탁이 있는 교실 앞쪽보다 1열은 의자에 앉고 2열은 서서 촬영 가능한
교실 뒤쪽이 단체 사진 촬영 장소로 더 효과적임

숫자 6을 표현한 포즈와 손가락을 안경처럼 만들어 눈 부근에 대는 포즈

우리 반 시그니처 포즈!

학급의 숫자가 가장 무난하고 효과적입니다(1반, 2반 등). 1의 경우 손가락으로 쉿 하는 포즈, 2는 눈 부근 V자, 3은 권총 모양, 4는 토끼 귀처럼 머리 위에 손가락을 놓는 포즈, 5는 입 앞에 손바닥을 놓으며 놀랄 때 짓는 포즈 등 학급을 대표하고 상징하는 포즈로 촬영하면 학급 소속감을 배가시킬 수 있습니다.

뒷모습 촬영!

본인 얼굴 노출을 꺼리거나 사진 찍히는 것을 싫어하는 학생이 있다면, 뒷모습을 촬영할 수 있습니다.

뒷모습 촬영 예시

같은 포즈 연출

단합과 우정을 연출하고 싶다면 '같은 포즈'로 단체 사진을 촬영하면 시각적으로도 인상적인 사진을 연출할 수 있습니다.

같은 포즈 예시

소품 활용

특별한 날을 기념하거나, 콘셉트 있는 사진을 촬영하고 싶다면 소품을 활용하면 효과적입니다. 색깔이 있는 소품이나 학급에서 함께 정한 특정 문구로 종이 패널을 제작하여 단체 사진 촬영에 활용하면 촬영일의 의미를 살릴 수 있습니다. 소품은 작은 것보다 큰 게 시각적으로 효과적입니다. 문구는 아이들이 함께 정한 뒤 B4 크기 이상의 큰 종이에 컬러로 인쇄하여 촬영합니다. 소품의 예로 풍선, 우산, 꽃, 교과서, 잠옷을 들 수 있습니다.

소품(B4 종이 패널)을 활용한 촬영 예시

웃음 미션

아이들의 살아있는 표정과 웃음을 담고 싶다면 옆 친구와 함께 '박수 치며 5초 동안 웃음소리 내기' 미션을 제공하고, 촬영하면 효과적입니다.

웃음 미션 촬영 예시

2. 이미지 카드로 자기소개

난이도	★☆☆	소요 예상 금액	0원
준비물	이미지 카드 파일	추천 행사 진행일	3월~4월 조회 시간

학기 초 아이들과 자기소개와 관련한 수업 및 활동을 꼭 한 번씩 하게 됩니다. 아이들이 형식적이거나 뻔한 자기소개를 하는 경우도 많습니다. 학생들이 아직 교사와 학급 친구들이 편하지 않고, 새로운 환경에 낯선 감정이 앞서기 때문입니다. 이런 상황에서 학생 본인에 대해 진솔하게 이야기하기 쉽지 않죠. 이때 시각 이미지를 활용할 수 있습니다. 이미지 카드를 이용하면 교실에서든 온라인에서든 좀 더 편하고 재미있게 자기소개 할 수 있습니다. 학생들은 이미지 카드를

이미지 카드로 자기소개 예시

보고, 교사가 제시하는 질문에 대한 이미지를 선택하고, 그와 관련된 본인 이야기를 하는 것입니다.

▶ **활동 순서**

① 15장 내외의 서로 다른 이미지 카드를 한 화면에 보여줍니다.

② 학생은 교사가 제시한 질문에 대한 가장 가까운 이미지 1장을 고릅니다. 이때 제시할 수 있는 이미지 예시는 다음과 같습니다.

- 오늘 내 기분과 가장 가까운 이미지는?
- 작년의 나와 가장 비슷한 이미지는?
- 3월 나의 모습과 가장 비슷한 이미지는?
- 본인 성격이나 이미지를 가장 잘 담고 있는 이미지는?
- 선생님과 가장 비슷하거나 어울릴 것 같은 이미지는?

③ 교사가 학생이 선택한 이미지를 확인하고, 그 이유와 관련해서 이야기 나눕니다. 이때 공감해주고, 다른 친구들에게 이미지 카드를 선택한 친구가 왜 이 카드를 선택했는지를 물어보며 서로 대화할 수 있도록 합니다.

④ 긴 시간 학급의 모든 학생이 참여하여 이야기 나누는 것은 효율과 효과 모두 떨어질 수 있습니다. 짧은 시간 소수의 학생을 선정하여 여러 날에 거쳐 지속적으로 진행하는 게 효과적입니다.

위의 활동을 진행하기 위한 이미지 카드는 온라인에서 저작권이 없는 이미지들을 스크랩하여 제작할 수 있습니다. 이미지 저작권이 무료인 대표적인 사이트에는 픽사베이(https://pixabay.com), 언스플래쉬(https://unsplash.com), 스톡스냅(https://stocksnap.io) 등이 있습니다.

▶ **이미지 스크랩**

- 추천 사이트는 해외 사이트기 때문에 한글보다 '영어'로 검색해야 더욱 정확하고 많은 이미지를 검색할 수 있습니다.
- 학생들이 이미지와 관련된 본인 이야기를 쉽게 꺼낼 수 있을 만한 이미지를 수집하면 효과적입니다.

    1. **표정**(smile, tired, sleep, angry)
    2. **숫자**(one, number)
    3. **색**(red, yellow, blue, green, black, white)

4. 음식(food), 과일(fruit), 채소(vegetable)

5. 자연(sky, nature, leaf, water, cloud, fire, land)

▶ **이미지 카드 제작**

- 이미지 카드는 한글 프로그램이나 파워포인트로 제작 가능합니다. 표를 만들고 표 안에 이미지를 삽입합니다.
- 이미지 카드 제작 시 이미지 선별 및 배치가 중요합니다. 표의 칸 개수는 12개 내외가 적당합니다. 특히 실시간 화상수업 때 모니터 화면이나 교실에 설치된 TV(혹은 슬라이드)를 보며 진행하기에 12개 이상의 이미지는 효과적이지 않습니다. 이미지가 작아서 잘 보이지 않아서 학생들 집중도가 떨어질 수 있습니다.
- 하나의 표 안에 대조되는 이미지를 각각 배치하면 효과적입니다. 대조된 이미지는 과거 혹은 현재나 미래에 관한 이야기, 현재와 앞으로의 바람과 관련된 이야기를 쉽게 하는 데 도움 됩니다. 색이나 분위기, 개수, 장소, 크기 등으로 이미지를 대조하여 배치할 수 있습니다.

02 감사 표현하는 학급 행사

I. 수업 밖의 선생님에게 감사 표현

난이도	★☆☆	소요 예상 금액	1~2만 원 내외
준비물	롤링 페이퍼용 색지, 2,000~3,000원 금액대의 선물	추천 행사 진행일	5월 15일 전후

 5월의 대표적인 학교 행사는 5월 15일 스승의 날입니다. 김영란법 이후로 아이들이 돈을 모아 케이크를 사서 교실에서 함께 축하하거나 작은 선물을 준비하는 모습은 볼 수 없습니다. 그러나 학급별로 아이들이 담임교사에게 감사 편지나 칠판에 스승의 날을 축하하는 메시지를 써주고, 이를 촬영하며 기념하는 일이 많습니다.
 그리고 학교에는 아이들을 가르치는 교사 외에 보이지 않는 곳에서 아이들을 지원하는 분들이 있습니다. 이런 분들에게 스승의 날에

감사를 표현해보는 게 어떨까요? 학교 정문을 지켜주시는 지킴이 선생님, 학생들의 점심을 책임져주시는 영양사 선생님, 교무실의 각종 행정 업무를 도와주시는 교무행정실무사 선생님, 과학 실험을 도와주는 과학 조교 선생님, 각종 시설관리 및 환경미화를 담당하는 주무관 선생님 등. 학교에는 아이들 수업과 각종 교육활동이 진행될 수 있게끔 보이지 않는 곳에서 수고하는 선생님이 많습니다. 이분들의 존재와 도움을 아이들에게 안내하고, 스승의 날에 감사를 표현하는 행사를 진행할 수 있습니다.

아이들이 감사를 표할 선생님을 정하고, 롤링 페이퍼에 감사한 내용을 직접 손글씨로 작성하도록 지도합니다. 흰색 A4 종이보다는 파스텔컬러 종이에 글을 작성하고 코팅하여 해당 선생님에게 전하면 좀 더 특별한 느낌을 줄 수 있습니다.

학급 운영비로 해당 선생님에게 전할 선물을 구입합니다. 아이들과 함께 구입해도 좋고, 아이들과 함께 선물 품목을 정하고 담임교사가 구입할 수도 있습니다. 음식이나 음료같이 일회용 선물보다 오랫동안 아이들의 온기와 감사함을 간직할 수 있는 선물을 추천합니다. 그런 선물로 디퓨저, 핸드크림, 손거울 등이 있습니다.

편지와 선물을 준비하고 스승의 날 당일 해당 선생님을 교실이나 특정 장소(회의실, 소강당 등)에 직접 모시거나, 학급 학생 전체가 선생님이 있는 장소로 이동합니다. 스승의 날을 기념하여 축하드리고, 감사를 표현하며 편지와 선물을 증정합니다. 마지막으로 아이들과 선생님 모두 추억하고 기념할 수 있는 단체 사진을 촬영하며 행사를 마

수업 밖의 선생님에게 감사 표현 행사

칩니다.

　수업에서 자주 만나는 교사 외에 학교와 아이들을 위하는 여러 선생님의 존재를 알고, 감사할 수 있는 소중한 경험이 됩니다. 아이들과 담임교사 모두 행사 이후에 해당 선생님과 한층 더 가까워지고 반갑게 인사하는 사이가 될 수 있습니다.

2. 어버이날 기념 영상 촬영

난이도	★★★	소요 예상 금액	0원
준비물	프린터, 종이, 촬영용 스마트폰, 영상편집 프로그램	추천 행사 진행일	4월 말

5월 8일 어버이날을 맞이하여 학부모에게 즐거움과 감동을 줄 수 있는 학급 행사를 아이들과 함께 진행할 수 있습니다. 영화 〈러브 액츄얼리〉의 스케치북 고백 장면을 활용하여 영상을 제작하고, 어버이 날에 영상을 깜짝 공개하는 학급 행사를 진행할 수 있습니다. 아이들에게 행사의 취지를 설명하고, 동의를 얻어 계획 및 촬영합니다.

▶ 행사 진행 순서

① 부모님에게 감사 문구 작성: 문구를 포스트잇에 직접 작성하여 제출하거나 학급 SNS 공간에 글을 작성하여 업로드하게 합니다.

② 작성 문구 확인 및 선정: 학생들이 작성한 모든 문구를 사용하면, 글의 양이 너무 많아지고 영상 길이가 너무 길어집니다. 10개 내외 문구로 선정하는 게 효과적입니다.

③ 선정 문구 작성: 선정한 문구를 A3 종이에 한글 프로그램이나 워드 프로그램으로 굵은 폰트를 선택하여 작성합니다(종이에 얇은 굵기의 폰트로 너무 많은 글이 작성되면, 가독성이 떨어지고 영상에서 잘 보이지 않습니다). 문구가 너무 길면 일부 나눠 작성합니다.

④ 인쇄: 작성한 문구를 인쇄하여 순서대로 수합합니다.

⑤ 촬영 계획 및 진행: 교실 혹은 학교 공간 중 아름다운 장소를 찾아서, 그곳에서 학생들이 문구가 인쇄된 종이를 들고, 가만히 서거나 손을 흔드는 작은 동작을 취하게 합니다. 교사가 그 모습을 촬영합니다. 수합된 프린트를 순서대로 들고, 학생들 모습을 촬영하면 영상 편집 시 시간을 절약할 수 있습니다.

⑥ 영상 편집: 촬영한 영상을 순서대로 영상 편집 프로그램에 불러들여서 불필요한 장면과 소리를 삭제합니다. 배경음악을 추가하여 편집하면 한편의 뮤직비디오처럼 연출할 수 있습니다(영상 제작에 있어 소리의 효과는 큽니다!).

⑦ 영상 공개: 유튜브와 같은 영상 플랫폼에 영상을 업로드하고 영상이 있는 URL을 공유하여 감상할 수 있도록 진행합니다. 큰 용량의 영상을 전송하는 게 어렵기도 하고, '전체 공개' 혹은 '일부 공개'로 영

영상 출처 : 몽땅미술샘연수t(https://youtu.be/hkCpZQWFzL8)

상 공개 범위를 설정할 수 있기 때문입니다. 우리 학급 아이들과 학부모 외에 다른 사람들의 시청을 원치 않는다면 일부 공개로 설정하여 공유합니다(사전에 학생들에게 초상권 동의를 얻고 진행하길 권합니다).

▶ **영상 배경음악 사용 팁**

영상 제작에서 음악은 중요한 부분을 차지합니다. 음악의 분위기에 따라 영상이 주는 분위기가 달라질 수 있고, 편집 방향도 변경될 수 있습니다. 저작권 무료인 배경음악은 '유튜브 내 오디오 보관함-무료 음악'을 통해서 다운로드받아 사용할 수 있습니다.

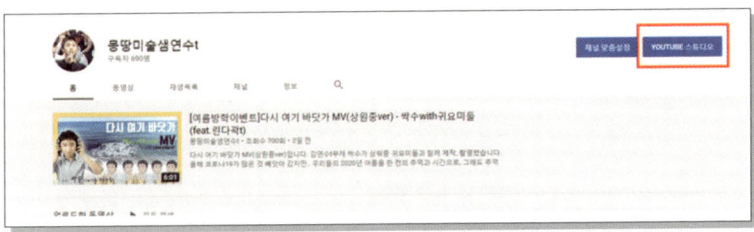

오른쪽 상단 [YOUTUBE 스튜디오]를 클릭

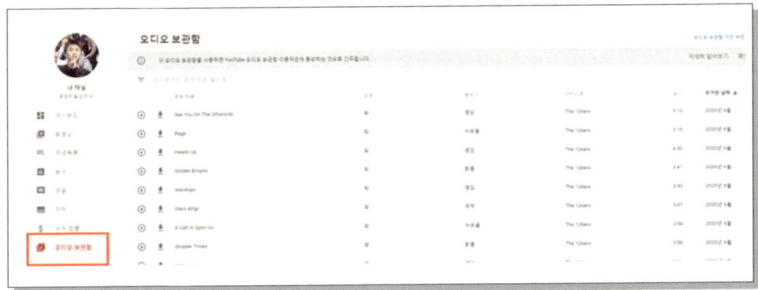

[오디오 보관함]을 클릭하고 원하는 음악을 재생 및 확인하고 다운로드

03 쉽고 인상 깊은 학급 행사

I. 조회 시간 보물찾기

난이도	★☆☆	소요 예상 금액	0~5,000원 내외
준비물	보물찾기용 프린트, 약간의 간식	추천 행사 진행일	4월 초, 10월 초 (날씨가 선선한 계절)

보물찾기 행사로 이제 막 일어난 아이들의 정신을 깨워주고, 기운을 채워주는 특별한 조회 시간을 만들 수 있습니다. 주로 날씨 좋은 봄과 가을에 진행하는 학급 행사입니다. '보물'이라고 적힌 쪽지를 찾고, 간식을 받아 가는 활동으로, 담임교사는 미리 보물찾기 활동을 할 수 있는 장소를 정해둡니다. 운동장, 체육관, 교내 공원과 같이 교실 밖의 야외 장소를 추천합니다. 아이들은 교실을 벗어나는 순간 특별한 활동 및 시간으로 인식하여 호기심과 참여도가 더욱 높아집니

다. 행사로 인해 소음이 발생하여 다른 학급에 피해를 주는 걸 줄이는 목적도 있습니다. 한글 프로그램에서 표를 만든 후 '보물'과 '꽝'을 작성합니다. 간식 상품 개수나 가격에 따라 보물 개수를 조절합니다. 이를 출력하여 오리고 접어서 보물찾기 종이로 만듭니다.

간식 쪽지 예시

보물은 학생들 등교 시간 10~20분 전 미리 출근하여 숨겨놓습니다. 간혹 행사 전날 숨겨놓을 경우, 쓰레기로 보여 버려질 수 있고, 행사 당일 갑작스럽게 비가 와

조회 시간 보물찾기 행사

서 허탕 칠 수 있기 때문입니다. 아이들에게 보물이 숨겨진 구역을 안내합니다. 아이들의 승부욕은 상상 이상이라서 위험한 곳까지 가서 보물을 찾는 경우도 있으니 보물을 찾는 모습을 한눈에 확인하고, 안전 지도를 원활히 할 수 있게끔 보물이 숨겨진 구역을 정해주는 것입니다. 보물뿐만 아니라 '꽝'을 3개 이상 찾아서 가져올 시에도 간식 상품을 지급한다고 안내하면 모든 학생이 끝까지 행사에 참여할 수 있습니다.

2. 하늘 사진 콘테스트

난이도	★☆☆	소요 예상 금액	0원
준비물	스마트폰이나 카메라	추천 행사 진행일	날씨 좋은 날이나 명절 연휴

하늘 사진 콘테스트는 미세먼지 없이 맑고 푸른 하늘을 자주 볼 수 있는 시기에 진행하면 좋은 학급 행사입니다. 동네를 돌아다니다 아름다운 하늘과 구름 모습이 보이면 사진 촬영하여 학급 SNS 공간에 제출하고, 함께 감상

하늘 사진 전시회

학생 및 학부모 하늘 사진 작품

하며 공유하는 행사입니다. 카메라 혹은 카메라 기능이 있는 스마트폰을 활용하여 행사에 참여할 수 있습니다.

  방과 후 노을로 물든 하늘 모습, 밤늦게 학원이나 독서실에서 집으로 오는 길에 마주한 달빛 어린 하늘 모습, 하얀 뭉게구름으로 가득 찬 주말 이른 오후의 하늘 모습, 산이나 바다에서 마주한 높고 맑은 하늘 모습 등을 촬영하는 것입니다. 해당 사진 파일을 그대로 다운로드받아서 컬러프린터로 인쇄하고 교실이나 교실 앞 복도에 전시하면 우리 학급만의 '하늘 사진 전시회'를 진행할 수 있습니다. 인쇄한 사진을 종이 액자에 넣어 전시하면 더욱 효과적인 전시회가 됩니다.

  추석과 같은 명절 연휴에 이 행사를 진행하면 우리나라 여러 지역 모습과 다양한 풍경을 함께 감상할 수 있습니다. 학급 아이들을 포함하여 학부모도 함께할 기회를 제공한다면, 온 가족이 참여할 수 있는 학급 행사로 확장할 수 있습니다.

사진과 함께 주제가 있는 짧은 글을 작성하여, 사진과 글을 합친 사진시로 만들거나 하늘 사진 위에 캘리그래피를 넣을 수도 있습니다. 스마트폰에 내장된 기본 기능으로 사진 위에 글을 쓸 수 있고, 사진 편집 및 캘리그래피 애플리케이션을 활용할 수 있습니다.

학부모의 행사 후기

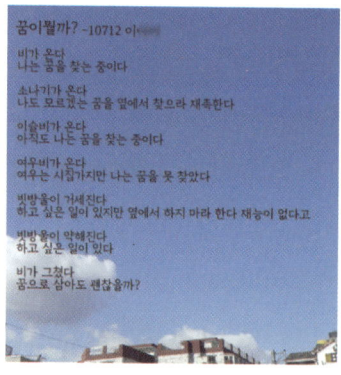 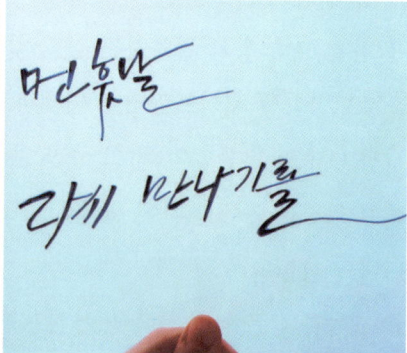

사진 시   캘리그래피를 넣은 사진

3. 학급 명예의 전당

난이도	★☆☆	소요 예상 금액	0원
준비물	설문이 가능한 플랫폼(ex. 카카오톡)		

새 학기가 시작되고 2개월 후나 학기 말에 가볍게 진행할 만한 학급 행사입니다. '~할 것 같은 사람은?' 형태의 질문에 학생들이 투표하는 설문조사입니다. 집과 학교에서 놀라울 정도로 다른 모습인 학생이 있습니다. 교사 앞에서는 내성적인 학생이 교사가 없을 때는 활발하게 끼를 표출하기도 합니다. 담임교사는 설문조사 결과로 학생들의 다양한 면을 새롭게 발견하고, 이를 학생 지도에 활용할 수 있습니다.

▶ 진행 시기

조회 및 수업 시간 혹은 주말이나 방학 기간에 짧고 가볍게 진행할 수 있습니다. 학급 학생들이 서로 모습을 파악하고 이해하는 시간이 확보된 후에 진행해야 더 신뢰할 수 있는 결과를 얻을 수 있습니다. 새 학기가 시작되는 3월보다는 개학하고 일정 시간이 지난 후에 진행하는 게 효과적입니다.

▶ 진행 방법

설문조사는 카카오톡 투표 기능을 이용하거나 구글 클래스룸에서 퀴즈 과제로 문항을 제작하고, 학생들에게 질문과 내용이 담긴 투표함이나 주소를 공유한 뒤에 결과물을 수합하면 됩니다.

▶ **설문 내용**

학급 학생들의 평소 생활 모습이나 특기, 교우관계를 간접적으로 살펴볼 수 있는 설문을 제시하면 효과적입니다. 제시할 수 있는 질문의 예는 다음과 같습니다.

- 우리 반 인사 왕은?
- 우리 반에서 가장 춤(혹은 노래)을 잘할 것 같은 친구는?
- 우리 반 분위기 메이커는?
- 첫인상이 귀엽던 우리 반 친구는?
- 우리 반에서 요리를 가장 잘할 것 같은 사람은?
- 우리 반에서 가장 일찍 일어날 것 같은 사람은?
- 앞으로 가장 유명해질 것 같은 우리 반 친구는?
- 집에서 가장 애교쟁이일 것 같은 우리 반 친구는?
- 우리 반에서 가장 잘 웃는 사람은?
- 우리 반 최고 인싸는?
- 눈물이 가장 많을 것 같은 우리 반 친구는?

교사가 설문 내용을 미리 정하여 진행하고, 이후에는 아이들이 직접 설문을 작성 및 선별하여 진행하도록 지도합니다. 설문 선택 항목에 학급 모든 학생이 고루 들어갈 수 있도록 제작하여 소외감을 느끼는 학생이 없도록 합니다.

명예의 전당 행사

▶ **설문 활용**

　설문 결과를 수합하여 인쇄한 후 교실에 부착하면 흥미로운 학급 행사로 완성할 수 있습니다. 설문에서 1위를 한 학생의 미소도 볼 수 있고, 학생들의 자아존중감 향상에도 긍정적인 영향을 미칠 수 있습니다. 해당 행사를 통해 각 학생의 특기와 끼를 발견했다면 축제와 같은 교내 행사에 학생을 추천할 수 있고, 진로 지도 및 상담 시 기초 자료로 활용할 수 있습니다.

6장

학교 행사 본격적으로 해볼까?

블록버스터급 시간

김쌤   아이들은 학창 시절 중에서 아무래도 학교 행사를 오랫동안 기억하더라고요.

오쌤   작년에 졸업을 앞둔 아이들에게 학교에서 가장 기억에 남는 경험이 무엇인지 설문한 적 있어요. 수련회라고 한 학생이 많았고, 체육대회와 축제, 학급 체험활동을 꼽은 학생도 여럿 있습니다.

윤쌤   한 달 뒤면 학교에서도 수련회를 진행하는데 특별히 준비할 것이나 아이들에게 추억을 만들어줄 방법이 있을까요?

김쌤   우리 교사들이 준비해야 할 부분이 제법 있습니다. 안전하고, 재미있는 학교 행사를 위해 준비해야 할 것을 몇 가지 소개하겠습니다.

- 야외 체험학습은 학생들이 직접 보고 듣고 느끼는 체험활동으로, '능동적 학습' 또는 '자율적 학습'을 뜻합니다. 교실 밖이나 가정, 사회, 특히 야외 체험 장소에서 이루어지는 학습 모두 체험학습입니다. 학생들 스스로 체험을 바탕으로 생활 속 문제를 해결하는 경험을 하게 되는 현실감 있는 교육활동입니다. 학교에서 진행되는 대표적인 체험학습은 수련회, 수학여행 혹은 소규모 테마형 교육여행입니다. 이런 체험학습에서 학생들은 교실을 벗어나 친구들과 더 가깝게 이야기하고 추억을 쌓으며 협동력을 기르고 소속감을 형

성할 수 있습니다. 야외 체험학습 외에 학교에서 진행되는 체육대회와 축제도 아이들의 전인적 발달과 교육적 효과에 긍정적 영향을 미칩니다. 하지만 준비 없이 위와 같은 행사를 진행하면 오히려 학급 내 갈등과 분란을 발생시킬 수도 있습니다. 학생의 자율성을 존중하되 담임교사의 지도가 필요할 때는 적절히 개입 및 중재하는 게 필요합니다.

01 현장 체험학습

I. 1학년 현장 체험학습

중학교 1학년은 자유학년제 운영으로 2, 3학년보다 더 자주 외부 체험활동을 합니다. 1학년 담당교사에게는 시험 문제 출제 및 채점에 대한 부담은 없지만, 학생들을 인솔하고 안전하게 체험학습을 마무리해야 할 책임이 있습니다. 1학년 학생들은 대중교통 이용 경험이 적고, 혼자 이동하는 것을 두려워하는 경향이 있는 걸 유의하며 꼼꼼히 살펴줘야 합니다.

▶ 교통 안내

현장 체험학습은 학교에서 다 같이 이동하기보다 해당 장소에서 만나는 게 대부분입니다. 교사가 되도록 학교와 멀지 않은 곳으로 체험학습 장소를 섭외해도 교통편 때문에 지각하거나 찾아오지 못하는 학생이 발생합니다. 따라서 교사는 체험학습 전에 학생들에게 꼼꼼하게 교통편을 안내해야 합니다. 저학년일수록 시각적으로 보여주며 안내하는 게 효과적이므로, '네이버 지도'의 '길 찾기'를 큰 화면으로 보여주며 안내하며 가야 할 곳을 시뮬레이션합니다. 교통편을 상세히 안내합니다. 스마트폰이 있는 학생은 지도 애플리케이션을 다운로드하도록 하여 해당 장소를 검색해보게끔 합니다.

▶ **모둠 조직**

1학년 학생은 2, 3학년에 비해 친구 관계에 어려움을 겪는 경우가 많습니다. 무리가 형성되고 와해되는 과정을 반복합니다. 담임교사는 학급에 따돌림을 당하거나 소극적인 학생이 있는지, 무리에 속하긴 했지만 겉도는 학생이 있는지 체험학습 전에 꼼꼼히 살펴야 합니다. 학생들이 외부로 현장 체험학습을 가는 경우 4명 내외로 모둠을 조직하여 함께 이동할 수 있도록 준비하는 게 적절합니다.

출발지가 비슷한 학생끼리 교사가 미리 모둠을 조직하여 안내하는 게 좋습니다. 학급에 친한 친구가 없거나 교우 문제로 어려움을 겪는 학생이 있다면 담임교사와 만나서 이동하거나 다른 학급 학생 중 친한 친구와 함께 이동하도록 예외적인 방법을 선택할 수 있습니다. 학급 회장이나 교우 관계 능력이 우수한 학생에게 함께 이동하도록 개별적으로 지도할 수 있습니다.

이동 중 반대 방향으로 가거나 길을 잘 못 찾을 경우에 혼자 이동하는 학생은 크게 당황하며 불안할 수 있지만, 모둠으로 조직된 아이들은 협력하여 다시 해당 장소로 찾아오는 힘이 있습니다. 모둠이 정해졌다면 출발할 때 다 같이 인증사진을 찍어 교사에게 전송하도록 안내합니다. 서로 협력해서 1명도 빠지지 않고 정시에 도착한다면 칭찬해주어 기분 좋게 체험학습을 시작할 수 있도록 합니다.

▶ **안전 및 복장 교육**

늘 학교에만 있던 아이들이 외부로 가면 예상치 못한 사고 발생 가능성이 높아집니다. 사전 안전 교육으로 사고를 예방해야 합니다. 다음과 같은 사전 안내 사항을 바탕으로 안전 교육에 신경 쓰도록 합니다.

- 개인행동을 하지 말 것
- 위험한 행동을 하지 않을 것
- 친구에게 심한 장난을 치지 않을 것
- 성적인 언어나 행동을 하지 말 것

이외에도 복장을 자유롭게 하되 활동에 제약이 있는 옷은 피하고 활동하기 편한 복장을 하도록 안내합니다. 안전 교육은 학생들에 대한 보호와 함께 교사에 대한 보호도 겸합니다. 피치 못할 사고 발생 시 교사의 사전 안전 교육 여부가 사고 해결에 중요한 차이를 줄 수 있습니다. 교사가 사전에 안전 교육을 했다는 내용을 기록하거나 안내 유인물로 나눠주어 증거 자료가 남도록 하는 게 좋습니다.

▶ **학부모에 귀가 연락**

체험활동을 잘 마쳤다면 다 같이 사진을 찍어두는 것을 추천합니다. 다 같이 사진을 찍을 기회가 많지 않은데, 추억이 될 수 있습니다. 사진을 인화해서 학급에 게시하거나 나중에 학급문집에 실을 수도 있습니다.

체험이 끝나면 학부모에게 체험 종료를 안내하고 활동사진을 제공해주면 아이들 모습을 확인하는 즐거움과 담임교사에 대한 신뢰를 형성할 수 있습니다. 체험 장소에서 해산할 때는 학생들이 집 근처에 안전하게 도착했는지를 확인하기 위해 도착 인증 사진을 찍어 교사에게 전송하도록 지도합니다.

간혹 체험 장소에서 활동 이후 시간까지 더 오랫동안 친구들과 남아서 놀다가 귀가하기를 희망하는 학생도 있습니다. 각종 안전 문제가 발생할 여지가 있으니, 되도록 공식 학교 활동 종료 시각에 맞춰 귀가하도록 지도하는 게 적절합니다. 체험일 이전에 학부모 동의를 받아서 아이들의 방과 후 활동을 부모가 허락한 경우에도 담임교사는 학교의 공식적인 활동 종료 시간과 안전 문제 및 지도(방과 후에 발생하는 사고와 관련해서는 교사 지도의 어려움이 있어서, 이에 대해 학교가 책임지기 어려운 상황을) 와 관련하여 학부모에게 명확히 안내해야 합니다. 당일 활동 종료 후에 부모님에게 연락하도록 학생들을 한 번 더 지도하는 게 안전합니다.

2. 수련회 및 수학여행

수련회는 수련원에서 그곳 프로그램에 맞춰 2박 3일 정도 시간을 보내고 돌아오는 것입니다. 수련원에 인솔교사가 배치되어서 수학여행에 비해 담임교사가 신경 쓸 부분이 상대적으로 적습니다. 학생들이 겉돌지 않고 잘 참여하는지, 식사는 잘하는지, 다친 학생은 없는지, 밤에 돌아다니거나 방을 바꾸는 학생은 없는지를 점검하면 충분합니다. 하지만 수학여행은 여러 번 장소를 이동하고, 담임교사가 인솔자가 되어 학생의 참여를 돕고, 교사와 학생이 함께하는 활동이 대부분이라 신경 쓸 게 많습니다. 어떻게 보면 담임교사에게는 수학여행이 더 힘들지만, 교사와 학생들이 가까이에서 더 많은 시간과 추억을 나눌 수도 있습니다. 수련회와 수학여행에서 교사와 학생 모두 즐겁고 안전한 시간을 보내기 위해 다음 몇 가지 유의 사항을 안내합니다.

▶ 사전 버스 좌석 배정

오랜 시간 버스를 타고 이동하는 여행에서는 사전에 버스 좌석을 배정해야 학생 사이에 다툼이나 안전 문제를 예방할 수 있습니다. 사전에 버스 좌석을 배정하면 버스에 소지품을 두고 내렸을 때 소재 파악이 쉽고, 뒷정리도 편한 장점이 있습니다.

일반적으로 학생들은 버스 맨 뒤 좌석을 두고 다투니, 맨 뒤 좌석은 비워두도록 안내합니다. 버스 좌석 배치표를 만들어 2명씩 짝을 이루어 앉게 하거나, 혼자 앉고 싶은 사람은 혼자 앉을 수 있도록 배정합니다. 이렇게 배정하면 친구가 없는 학생이 혼자 앉는 데 두려움이나 거부감을 줄일 수 있고, 혼자 앉고 싶은 학생에게도 혼자 앉는 데 부담을 줄일 수 있습니다. 혼자 앉는 것을 극도로 힘들어하는 학생은 교사 옆에 앉아 함께 이동하거나 사전에 혼자 좌석이 배정된 학생끼리 앉도록 합니다. 멀미가 심한 학생은 교사 옆에 앉게 합니다. 버스 이동 시 자리에서 일어나거나 뛰어다니면 위험하니 반드시 착석하고 안전벨트를 메도록 안내합니다.

21	22
19	20
17	18
15	16
13	14
11	12
9	10
7	8
5	6
3	4
1남(비울 것)	2남(비울 것)
차 입구	

21	22
19	20
17	18
15	16
13	14
11	12
9	10
7	8
5	6
3	4
1여(비울 것)	2여(비울 것)
	운전석

통로

버스 좌석표 배정 예시

▶ **사전 안전교육 및 성교육**

학교에서도 다양한 사건 사고가 일어나는데, 학교를 떠나 오랜 시간 학생들과 움직일 때는 사고의 가능성이 더 높아집니다. 학교폭력과 안전, 성에 관한 문제상황에는 '예방교육'이 중요합니다. 불가피하게 사건이 일어났을 경우 교사의 사전 교육 여부가 교사의 책임 소재와 관련되어 교사에게도 중요합니다. 안전 교육을 시행할 때 유인물을 나눠주고 하나씩 짚어가며 설명하는 게 좋은데, 중요 사항을 퀴즈 형식으로 만들면 효과적입니다. 학생들과 퀴즈를 내고 맞히며 꼼꼼히 확인하면 안전 교육에 더욱 집중하고, 내용을 확실히 기억하게 할 수 있습니다.

▶ **소지품 검사**

술이나 담배 등 청소년이 소지하면 문제가 될 물품을 가져오는 학생도 있습니다. 이러한 물품은 사전에 파악하여 불미스러운 일이 발생하지 않도록 예방하는 게 중요합니다. 하지만 학생 인권 문제로 교사가 소지품 검사하는 게 조심스러운 현실입니다. 학생 소지품 검사와 관련하여 서울특별시 학생 인권 조례 제13조를 참고할 수 있습니다.

수학여행이나 수련회에 가기 전에 충분히 소지 금지 물품을 안내하고 학부모에게도 몇 차례 당부하여 최대한 예방할 수 있도록 합니다. 교사는 학생들에게 안전한 여행을 위해 금지 물품 소지 시 부모님께 인계할 것을 미리 안내해둡니다. 소지품 검사 시 그 이유를 충분히 설명합니다. 모두 안전하고 즐거운 여행이 될 수 있도록 문제

소지를 예방하기 위한 것임을 설명하고, 불가피하게 학급 전체를 검사하더라도 개별적으로 동의를 구합니다. 소지품은 같은 성별의 교사가 확인할 수 있도록 학급별로 남녀 교사가 바꿔 하는 등 최대한 인권 친화적 방법으로 진행합니다. 부적절한 물건이 발견된다면 취득 경로 및 소유자를 정확히 확인하고 물품 압수는 교칙에 따라 진행합니다. 물품은 최종적으로 학부모에게 해당 학생을 인계 시 돌려줍니다.

▶ **휴대전화 보관**

수련회나 수학여행 시 학생들 휴대전화를 미리 걷었다가 귀가 시 돌려주는 경우가 많습니다. 함께 숙박하며 시간을 보내기 때문에 휴대전화를 소지할 때 몰카 등의 문제가 발생할 수 있기 때문입니다. 휴대전화를 걷기 전에 그 당위성을 학생들에게 설명합니다. 휴대전화를 걷을 때는 꼼꼼히 파손 여부를 확인하는 데 주의해야 합니다. 이미 파손된 휴대전화를 교사의 부주의로 파손된 것처럼 누명을 씌워 손해배상을 청구하는 경우가 늘고 있기 때문입니다. 교사가 직접 휴대전화를 접촉하는 일을 줄이고 소유 학생이 휴대전화를 제출하고 다시 가지고 가도록 안내하고, 학생의 눈에 띄지 않는 곳에 안전하게 보관하여 만일의 위험을 미연에 방지합니다.

02 체육행사

　학생들이 기다리는 학교 행사 중 하나가 체육행사입니다. 교실 밖에서 넘치는 에너지를 쏟을 수도 있고, 단합하여 다른 학급과 시합하는 것도 신나는 일입니다. 교복 대신 학급 티셔츠(반 티)를 맞춰 입고 치장하는 것도 아이들에게 즐거운 일입니다. 그러나 체육행사 준비부터 흥분되는 분위기가 지속되기 때문에 자칫하면 과열 경쟁이 발생할 수도 있습니다. 학급 내 분란이 일어날 수 있고, 그 안에서 소외되는 학생이 발생할 수 있는 데 유의해야 합니다. 모두 즐겁게 체육행사를 진행하는 방법을 살펴보겠습니다.

I. 학급 티셔츠 선정

　학급 티셔츠를 선정하는 일은 학생들에게 체육행사 몇 달 전부터 큰 관심거리입니다. 학생들은 다른 학급 및 학년과 겹치거나 비슷한 디자인을 피하기 위해서, 예쁜 티셔츠를 선점하기 위해 미리 디자인을 정해두기도 합니다. 같은 디자인을 선택하면 다른 학년 및 학급과 마찰이 일기도 하니 학급 티셔츠를 선정하는 것은 학생들에게 꽤 민감한 일입니다. 학급회의 시간을 활용해 어떤 학급 티셔츠를 선택할 것인지를 다 같이 논의하는 게 적절합니다.

교사는 학생들에게 부담되는 가격의 의상, 너무 선정적인 의상은 지양하도록 사전에 안내합니다. 몇 가지 후보를 선정하고 어떤 장단점이 있는지, 가격은 적정한지를 이야기해봅니다. 개별로 의상비를 부담하는 일이라 학급 내에서 이를 정하는 데도 갈등의 여지가 있습니다. 모두 만족하는 안이 나오기 힘들 수 있기 때문에 최대한 의견을 많이 나누고 다수의 의견을 따르는 데 동의하는지 아이들에게 확인하여 정합니다.

학급별로 학급 티셔츠를 맞춰 입고 체육행사 하는 모습

의상비를 부담스러워하는 학생이 있다면 학급비를 일부 사용할 수 있습니다. 복지 담당교사와 상의하여 관련 예산이 있는지, 예산 활용 여부를 물어 도움받을 수 있습니다. 학급 티셔츠를 직접 제작할 수도 있습니다. 직접 제작 시 비용 부담이 줄기 때문에 학급비만으로도 충당할 수 있어 갈등과 경제적 부담을 줄일 수 있습니다.

2. 갈등 및 소외 예방

다른 학급과 시합하며 가끔 과열 경쟁이 발생하여 감정싸움으로 번지기도 합니다. 이럴 때 교사는 학생들이 시합의 승패에서 '학급의 단합'으로 눈을 돌릴 수 있도록 도와야 합니다. 체육대회를 준비하는 과정에서 학생들에게 우리 학급의 목표는 '체육행사 1등'이 아닌 '응원상'과 같은 학급 단합임을 주지시키고, 단합이 잘 되는 모습을 보이면 따로 보상하겠다고 약속합니다. 학급에 친구들과 잘 어울리지 못하는 학생은 혼자 있어야 하는 체육행사가 힘들어서 학교에 오기 싫을 수 있습니다. 소외되는 학생이 있는지 사전에 파악한 뒤, 모둠을 정하여 모둠끼리 착석 후 다양한 미션을 수행하도록 합니다. 과제를 다음과 같이 구체적으로 제공하는 게 효과적입니다.

- 모둠별 사진 찍기: 사전에 구성된 모둠별로 체육대회를 즐기는 사진 콘테스트(사진에 반드시 교사를 포함하기 같은 미션도 함께 줄 수 있음).
- 체육행사 포토제닉: 역동적인 사진, 재미있는 사진, 자연과 함께한 사진 등

사진 찍기 미션 수행　　　　　　　학급 단위 미니 경기(팔씨름)

을 선정하여 시상.
- 응원가 만들기: 응원가를 만들어 부르며 우리 학급만의 공연 만들기.
- 응원 팻말 만들기: '괜찮아', '최선을 다한 네가 최고', '어떻게 해도 멋있어' 처럼 다독이는 멘트의 팻말을 만들어 응원 도구로 사용.

그 외 본선 경기에 참여하지 못하여 학생들이 의욕을 잃거나 경기 관전에 흥미를 붙이지 못한다면 학급만의 미니 경기를 마련하는 게 효과적입니다. '물병 바로 세우기 올림픽'과 같이 주변에 있는 소도구를 활용하여 토너먼트 하거나 '다리씨름'과 같이 작은 공간을 활용할 수 있는 게임을 진행한다면 우리 반만의 소소한 추억을 만들 수 있을 겁니다.

03 학교 축제

I. 숨은 학생 추천

일반적으로 축제 담당 부서에서 교내 오디션으로 축제 공연팀을 선발합니다. 오디션에 지원하는 학생은 직접 참가신청서를 작성하여 축제 담당 부서 및 교사에게 제출합니다. 그런데 학생 중에는 특기와 끼를 지녔음에도 자신감이 부족하여 지원을 망설이거나 포기하는 경우가 제법 있습니다. 이때 담임교사가 학생에게 지원을 권유하거나 추천한다면 학생에게 정서적으로 지지와 자신감을 줄 수 있습니다. 담임교사는 연초부터 학생상담과 관찰을 통하여 자연스럽게 아이들이 지닌 특기를 파악할 수 있습니다. 악기연주, 성대모사, 비트박스, 작곡, 성악 등 개별적으로 전공을 준비하거나 학급 행사에서 끼를 보여준 모습을 평소 잘 기억해뒀다가 해당 학생에게 참여를 권유해보세요. 혹은 담당 부서 교사에게 추천하여, 담당교사가 학생

학교 축제의 다양한 공연 모습

에게 개별적으로 연락하여 오디션에 지원하게 할 수 있습니다.

2. 교사 찬조 출연

교사가 출연하는 무대에는 학생들의 관심과 호응이 집중됩니다. 교사의 공연은 일반적으로 교사를 수업으로 만나온 학생들에게는 특별한 인상을 줍니다. 하지만 교사 입장에서는 공연을 준비하고, 공연하는 것 자체에 부담과 염려가 될 수 있습니다.

▶ 하고 싶은 공연이 있다면

평소 하고 싶던 공연이 있거나 학급 학생들과 함께 공연을 계획했다면, 적극적으로 축제 담당교사에게 미리 이야기합니다. 담당교사는 이런 공연을 환영하고, 적절히 지원해줄 것입니다. 공연에 필요한 소품이나 작은 간식을 지원받을 수도 있으니, 지원 가능 여부를 축제 담당교사와 상의합니다.

대부분의 교사 찬조 공연은 별도의 오디션 없이 참여할 수 있으니 여유 있게, 준비할 수 있습니다. 담당교사에게 준비해둔 공연 음악파일을 전달하면 공연진행에 도움 됩니다. 공연연습을 위해 동아리실이나 소강당 같은 학교 공간 사용을 원한다면 일정을 협의하여 지정된 요일 및 시간에 해당 공간에서 공연을 준비할 수 있습니다.

▶ 함께할 동료 교사가 있다면

혼자가 아닌 친한 동료 교사와 함께 축제 공연을 준비할 수 있습니다. 혼자서 도전하여 준비하기에 부담되고, 자신감이 다소 떨어진다면 친한 동료 교사들에게 용기 내어 제안해보세요. 완벽하지 않아도, 실수해도 괜찮습니다. 공연을 준비한 교사의 노력은 아이들로부터 박수를 받는 데 충분할 것입니다. 학교 축제 담당 부서 예산이 가능한 상황이라면 전문 강사를 섭외하여 레슨받을 수도 있으니 담당 부서 교사와 협의해보세요.

▶ 부담되고, 원치 않는다면

공연 자체가 심리적으로 부담되고, 원치 않는다면 당연히 하지 않아도 됩니다. 막상 공연을 준비하다가도 불편하다면, 함께 공연을 준비하자고 제안한 교사나 축제 담당교사에게 상황을 말하면 이해해

줄 테니 마음 불편하게 담아두고 진행하지 않아도 됩니다. 관리자가 신규교사에게 한 번은 무대에 서야 한다며 다소 강압적인 태도로 공연을 강제하는 경우도 있습니다. 본인 마음이 열리지 않는다면 거절할 줄 알아야 합니다. 거절도 개인의 권리입니다. 교사 찬조 공연은 과업이 아닙니다. 모두 함께 즐겁게 즐기는 축제의 일부일 뿐입니다.

3. 영상제작

축제 프로그램은 대부분 보컬·댄스·합주처럼 무대 위에서 실제로 공연하는 형태로 구성됩니다. 하지만 녹화 및 제작된 '영상' 형태로 참여할 수도 있습니다. CF나 영화 패러디, 뮤직비디오로 영상을 제작하여 출품할 수 있습니다. 영상제작과 편집에 재능 있는 학생이 있다면 특기를 뽐내도록 추천해보세요. 축제를 진행하며 프로그램 중간에 영상작품을 재생하면, 다음 공연을 준비시간을 벌 수 있습니다. 사전 제작된 영상인 만큼 완성도가 높고, 작품을 전교생이 함께 감상할 수 있어 영상을 제작한 학생이 더 큰 만족감과 뿌듯함을 느낄 기회가 되기도 합니다.

방학 100% 즐기기

이때만 기다렸다!
쉼 없이 달려온 교사에게 특별한 휴가
방학을 어떻게 보내면 좋을까?

▶ 복무 상신

방학 기간 내 '제41조 연수' 신청

> 제41조(연수기관 및 근무 장소 외에서의 연수)
> 교원은 수업에 지장을 주지 아니하는 범위에서 소속 기관의 장의 승인을 받아 연수기관이나 근무 장소 외의 시설 또는 장소에서 연수받을 수 있다.

- 방학 기간을 활용하여 지난 교육활동을 정리하고 향후 교육활동을 준비하도록 다양한 연수가 가능하게 연수 장소의 제한을 열어주는 데 목적이 있습니다.
- 수업이나 학교 업무에 지장 없는 범위 내 사용할 수 있습니다.
- 학교장의 사전 승인이 필요합니다.

※ 유의 사항
- 연수에 포함 안 되는 토요일 및 공휴일은 연수 기간에서 제외한 후 상신해야 합니다.
- 연수기관에서 시행하는 직무연수일도 제외해야 합니다.
- 근무일도 제외하나 반일 근무나 방과 후 수업으로 근무 시간 전 퇴근 시, 근무 시간을 제외한 나머지 시간을 상신해야 합니다.

▶ 여행

- 국내 여행은 특별한 복무 상신 없이 다녀올 수 있습니다. (단, 41조 연수로 상신 시 여행 목적지를 기재해야 합니다)
- 방학 기간에 학교 행사(오리엔테이션, 근무일 등)가 있는 날은 미리 살펴보고 계획을 세울 수 있습니다.
- 해외여행(국외 자율연수)은 연수와 개인 연가 사용이 가능합니다. 해외여행 시 학교장의 사전 결재를 득하고 출국해야 합니다.
- 장기 해외여행에 연수 사용 시 학교장 재량에 따라 보고서를 제출할 수 있습니다.
- 복지몰 사이트를 활용하면 복지포인트로 항공, 숙소, 여행사 예약 및 결제가 가능합니다.

▶ 연수

- 방학은 바쁜 학기 중에 하기 어려운 수업 준비 및 연구를 하기좋은 기간입니다.
- 꼭 학교생활과 관련된 연수가 아니더라도 자기 계발(외국어 공부, 부동산, 주식, 금융, 와인, 요리, 운동 등)을 위한 연수 참여도 연수 이수시간으로 인정 가능합니다(교육부 인가 및 인정기관인지 확인 필요. 교사 온라인 연수 사이트를 활용하면 대체로 인정).
- 오프라인 연수 이수 시, 직무연수로 인정 가능한지, 이수증 발급 가능 여부를 확인해야 합니다(교육연수원이나 교육지원청에서 제공하는 오프라인 연수는 대체로 인정).
- 비용이 드는 연수는 이수증과 영수증을 지참하여 연구부와 같은 연수 관련 담당 부서에 환급요청 시 연수비를 돌려받을 수 있습니다(기관마다 환급 금액 상이할 수 있음).
- 연수 시간 미인정 연수라도 오프라인 연수 중 유익한 연수가 많고, '전국OO교과교사모임'이나 '실천교육교사모임'과 같은 역량 있는 교사모임에서 매 학기 방학에 무료 연수를 제공하기도 합니다. 교직에 대해 함께 고민하고 지성과 감성을 나눌 수 있으니 참여하여 동기부여 받는 경험을 해보길 추천합니다.
- 신규교사 및 교과교사 오픈채팅방에 참여하면 다양한 연수 정보 및 소식을 접할 수 있으니 활용하는 것을 추천합니다.

※ 교사 온라인 연수 사이트(각 지역 교육연수원 외)
- 아이스크림 연수원 https://teacher.i-scream.co.kr/

- 티처빌 https://www.teacherville.co.kr/
- 한국교원연수원 https://www.hstudy.co.kr/
- 사제동행 원격연수 https://m1.education.or.kr/
- 교육사랑연수원 https://www.edulove.co.kr/

▶ 독서

동료 교사가 추천하는 '이럴 때 읽으면 좋은 책'

1. 학교생활이 막막할 때

《교사119 이럴 땐 이렇게》
송형호, 왕건환 등저 | 에듀니티 | 2019년 03월 21일
교육현장 사안에 대한 여러 교사의 대응책과 해결 방안을 담고 있음.

《교실 속 갈등상황 100문 101답 중등》
우리교육 편 | 우리교육 | 2008년 03월 03일
임용고시 면접에 유용한 내용(특히 질의응답형 부분 발췌독 가능) 담고 있음.

《송샘의 아름다운 수업》
송형호 저 | 에듀니티 | 2018년 09월 10일
돌봄치유교실 개설자인 송형호 교사의 티칭 노하우를 담고 있음.

2. 효율적으로 학급을 경영하고 싶을 때

《온·오프를 아우르는 학급경영 B to Z》
송형호, 손지선 저 | 우리학교 | 2021년 01월 27일
전국 교사의 멘토인 송형호 교사의 학급 운영, 학교폭력 사안처리를 담고 있음.

3. 학생들을 대하기 버겁다고 느낄 때

《요즘 아이들 마음고생의 비밀》
김현수 저 | 해냄 | 2019년 04월 08일
정신과 전문의인 저자의 청소년 상담 사례로 아이들 마음과 생각을 읽어줌.

《소녀들의 심리학》
레이첼 시먼스 저 | 양철북 | 2011년 02월 28일
소녀들의 경쟁심·질투·분노로 인한 갈등과 따돌림 문제를 다루고 있음.

4. 온라인 수업이 고민될 때

《교사가 진짜 궁금해하는 온라인 수업1》
손지선 외 10인 저 | 학교도서관저널 | 2020년 07월 17일

《교사가 진짜 궁금해하는 온라인 수업2》
손지선, 김연수, 오소정, 윤효성 저 | 학교도서관저널 | 2021년 02월 05일
코로나19로 인한 온라인 개학과 수업으로 혼란이 일었을 때 많은 교사가 요청한 온라인 수업 및 운영 방법을 담고 있음.

5. 교사로서 마음치유가 필요할 때

《교사 감정 사전》
김태승 저 | 푸른칠판 | 2022년 06월 20일
학교에서 느낄 수 있는 감정을 화·슬픔·두려움·싫음·행복이란 다섯 감정으로 나눠, 감정의 원인을 이해하고 치유하는 내용을 담고 있음.

《미움받을 용기2》
기시미 이치로, 고가 후미타케 저 | 인플루엔셜 | 2016년 04월 30일
학생들에게 건넨 사랑이 실망과 상처로 돌아와서 선택과 결정이 두렵고 망설여질 때, 심리적 회복을 도울 만한 내용을 담고 있음.

《혼자 잘해주고 상처받지 마라》
유은정 저 | 21세기북스 | 2017년 12월 13일
일과 관계에서 상처 받고 자존감이 낮아질 때, 여러 사례를 바탕으로 타인에게 상처 받지 않고 스스로 사랑하며 주체적인 삶을 사는 방법을 담음.

7장

실수 없이 평가하고 감독해볼까?

어떤 때보다 신중하게 평가

윤쌤 선생님들, 처음 시험문제를 출제할 때 기분이 어땠나요?

김쌤 시험을 치르는 입장에만 있다가, 출제하려니 묘한 느낌이었습니다.

윤쌤 막막했어요. 수행평가도 채점 및 평가에도 고민이 많았고요.

오쌤 저는 시험 감독하는 데 실수하면 안 되겠다는 생각에 매뉴얼을 꼼꼼히 읽던 기억이 납니다.

윤쌤 수행평가와 지필평가, 시험 감독에 대해 알아둘 게 있을까요?

김쌤·오쌤 네, 교사에게 평가·감독하는 데 필요한 것을 살펴보겠습니다.

- 평가에는 분류나 선발의 기능도 있지만, 교육목표 달성 정도, 교육적 효과 및 성과, 학업 성취 파악, 후속 교육 계획 수립 등의 목적도 있습니다. 평가는 학생들에게도 교사에게도 중요합니다. 교사는 교육목표에 부합하게 평가내용을 마련하고 시험현장에서 감독 역할을 하기 때문이죠. 평가 하나하나가 학생의 미래를 좌우할 수도 있는 민감한 사항이라 사소한 실수도 부각될 수 있습니다. 그래서 더 꼼꼼하고 신중하게 접근하는 태도가 필요합니다. 수행평가와 지필평가 문항을 출제 및 평가하는 방법과 이와 관련하여 오류를 줄일 수 있는 노하우, 시험 감독관의 역할과 유의 사항을 안내합니다.

01 수행평가

    수행평가는 선발과 분류의 성격이 강했던 전통적인 평가체제의 한계를 벗어나, 학생이 학습과제를 수행하는 과정 및 결과를 균등히 살펴 지식·기능·태도를 전문적으로 판단하는 것입니다. 수행평가는 주로 서·논술형, 말하기, 듣기, 실기, 실험·실습, 자기평가 및 동료평가 보고서법, 포트폴리오 등으로 진행됩니다. 평가 지침과 각 학교 학업성적 관리규정 및 각 교과 평가계획서를 확인하고 수행평가해야 합니다. 평가계획을 세울 때 참고할 수 있는 내용은 다음과 같습니다.

I. 수행평가 시기와 방법

    여러 명의 교사가 같은 교과를 담당한다면 대개 2월에 신학기 대비 전체 교직원 회의 기간에 평가계획과 평가방법을 함께 수립합니다. 동교과 교사들과 토의하며 평가 시기 및 방법을 정합니다. 1인 교과교사는 자율적으로 정할 수 있습니다. 수행평가 시기 및 방법을 계획하기 전에 다음과 같은 것을 살펴보면 좋습니다.

▶ 학사일정 및 공휴일

수행평가를 진행하는 기간에 학교 행사나 공휴일이 많다면 평가를 효율적으로 진행하기 어렵습니다. 큰 행사가 있는 시기를 피하여 평가하는 것을 추천합니다. 그러나 학교 행사 및 공휴일과 관련한 내용의 수행평가를 할 경우엔 해당 기간에 수행평가를 진행하는 게 더 효과적입니다(체육대회 응원가 만들기, 체육대회 학급 티셔츠 제작하기, 광복절 글쓰기, 어버이날 관련 말하기 평가 등).

▶ 학기 말 일정 조율

많은 교과가 학기 말에 수행평가를 진행하기 때문에 학기 말에 수행평가가 몰려서 매 교시가 수행평가 시간이 될 때도 종종 있습니다. 이렇게 되면 학생들 심신의 부담과 피로도가 높아질 수 있습니다. 수행평가의 결과도 기대치에 다다르지 못할 수 있습니다. 따라서 학기 말 기간을 피하여 수행평가를 진행하는 것도 생각해봐야 하고, 다른 교과교사의 수행평가 일정과 겹치지 않도록 간격을 두고 시행하는 것을 고려해야 합니다.

▶ 날씨 고려

야외(운동장 등)에서 수행평가하거나 음식물과 관련하여 수행평가할 때는 매우 춥거나 더운 기간을 피하여 계획해야 학생들의 안전사고를 예방할 수 있습니다.

2. 개별평가와 모둠평가

수행평가 결과가 학생들에게 공개되면 평가에 대한 각종 민원(이의, 불만 등)이 발생할 수 있습니다. 수행평가 실시 전에 학생들에게 명확한 평가 기준 및 영역을 사전 안내하고 진행해야 합니다. 특히 모둠평가는 학생 및 학부모로부터 가장 많은 민원을 받는 평가입니다. 일부 학생의 무임승차가 발생할 수 있고, 이에 특정 학생이 불만을 제기할 수 있기 때문입니다. 따라서 모둠 내 동료평가, 모둠평가 내 개별 과정평가를 진행하여 모둠평가가 지닌 한계를 극복할 방법을 생각해야 합니다. 모둠 간 평가점수의 급간 및 편차를 줄여 평가 결과에 대한 불만을 예방할 수도 있습니다.

3. 결석생 발생 시

수행평가 기간 중 체험학습이나, 질병 결석, 조퇴의 사유로 평가에 응시하지 못한 학생이 발생할 수 있습니다. 수행평가가 이미 진행되었는데, 전입생이 전적교에서 평가를 수행하지 못하고 오는 경우

> **모둠 구성 시 유의 사항**
> 성적에 반영되는 만큼 학생들의 불만이 적도록 구성해야 합니다.
>
> - 번호순 구성
>   일반적인 방법으로 모둠 구성이 편리하다는 장점이 있으나, 학생들 성적이나 수준을 고려할 수 없다는 단점이 있습니다.
> - 랜덤 구성
>   교사 개입을 최소화하여 교사에게 불만을 제기할 여지를 최소화할 수 있다는 장점이 있으나, 학생들 성적이나 수준을 고려할 수 없어 모둠 간 편차가 발생할 수 있습니다.
> - 원하는 사람끼리 구성
>   학생들이 모둠활동에 즐겁게 임할 수 있다는 장점이 있으나, 학급에서 소외된 학생은 모둠을 구성하기 어렵다는 단점이 있습니다.
> - 성적 반영 구성
>   학생들 성적이나 수준을 고려하여 모둠 간 편차를 줄일 수 있으나, 교사가 개입하므로 학생들 불만이 발생할 수 있습니다. 성적이 높은 학생이 성적이 낮은 학생을 도와 협력하도록 하고 이를 점수에 반영하는 방법을 활용할 수 있습니다.

도 있습니다. 이때는 학교 학업성적 관리규정이나 각 교과 평가계획 내용에 따라 진행 및 처리하면 됩니다. 일반적으로 미인정(무단) 결석한 학생을 제외하고는 별도 시간(방과 후 시간 혹은 점심시간)을 활용하여 응시 기회를 제공하고 평가를 진행합니다. 학교평가 규정을 바탕으로 동교과 교사들과 협의하여 진행하면 됩니다. 이때는 교과 협의록에 사유와 적용 규정 및 처리 과정을 상세히 기재하여 기안합니다. 이후 학업성적관리위원회의 협의를 통해 학생에게 해당 점수를 부여할지 결정됩니다.

4. 평가 이의 제기 시

학생에게서 처음으로 평가에 대한 이의 제기를 받게 되면 당황하거나, 학생에게 서운한 감정도 들 수 있습니다. 하지만 학생 입장에서는 본인의 평가 결과를 다시 한번 확인받고자 하는 과정일입니다. 당황하지 말고 차분하게 학생의 수행평가 결과를 같이 확인하며 안내합니다. 무엇보다 학생들에게 안내된 평가 기준을 명확하게 재안내 및 재확인시켜주면 됩니다. 그리고 평가 기준에 작성된 평가 영역과 내용에 맞춰 학생수행(혹은 수행평가 결과물)을 보면서 어느 부분에서 우수했고, 아쉬웠는지를 확인시켜주면 됩니다. 필요에 따라 평가 내용 및 결과가 기록된 평가지를 보며 안내할 수 있습니다. 작품의 경우에는 만점 받은 작품과 비교하며 안내할 수 있습니다. 특히 말하기와 관련된 수행평가는 진행 시 학생들 동의를 얻어 평가 과정 모습을 촬영 및 기록하여 보관해두는 게 필요합니다.

평가는 객관적이고 명확하게 진행 및 처리해야 합니다. 간혹 학생 상황과 마음에 흔들려 평가점수를 조정하면 더 큰 문제가 발생할 수 있습니다. 세부 평가 기준을 분명하게 세워 평가 루브릭을 만들어야 합니다. 이를 바탕으로 채점하면 학생들이 이의 제기할 때 명확한 근거와 기준으로 설명할 수 있습니다. 사전 평가 기준 점검 및 안내도 중요합니다.

간혹 평가점수를 잘못 입력했거나, 다른 상황으로 인하여 평가 오류가 확인되면 바로 동교과 선생님들과 논의하고 필요에 따라 교과협의록을 작성하고 오류를 수정합니다. 이런 사례가 발생하지 않도

▶ 세부 평가 기준 루브릭 작성 예시

수행평가 세부 계획

독후활동(다양한 관점에서 작품 바라보기)을 위한 분석적 채점 기준

평가 항목	독후활동 (수행평가 20점)						
성취 기준	[9국05-05] 작품이 창작된 사회·문화적 배경을 바탕으로 작품을 이해한다. [9국05-07] 근거의 차이에 따른 다양한 해석을 비교하며 작품을 감상한다. [9국05-11] 개인활동 및 모둠활동 시 협력하여 교육과정 수행에 적극적이고 능동적인 자세로 참여할 수 있다.						
평가 요소		배점	5	4	3	2	1	비고

영역	평가 요소	배점	5	4	3	2	1	비고
지식	작품 해석 방법 알기	5	작품 해석 방법을 알고 다양한 작품 해석 방법을 명확하게 구분할 수 있다.		작품 해석 방법을 알고 작품 해석 방법을 구분할 수 있다.		작품 해석 방법을 알고 있으나 작품 해석 방법 구분이 어렵다.	미참여 및 미제출은 각 평가 요소 항목의 최하점의 차하점을 부여한다.
기능	작품 해석 방법에 따른 분석	5	작품해석 방법을 정확하게 이해하고 4가지의 작품 해석 방법에 따라 작품을 분석할 수 있다.	4가지의 작품 해석 방법에 따라 작품을 분석할 수 있다.	3가지 작품 해석 방법에 따라 작품을 분석할 수 있다.	2가지 작품 해석 방법에 따라 작품을 분석할 수 있다.	1가지 작품 해석 방법에 따라 작품을 분석할 수 있다.	
기능	작품 해석과 근거의 적절성	5	4개 분야에 적절한 근거를 충분히 들면서 작품을 해석할 수 있다.	4개 분야에 적절한 근거를 들어서 작품을 해석할 수 있다.	3개 분야에 적절한 근거를 들어 작품을 해석할 수 있다.	2개 분야에 적절한 근거를 들어 작품을 해석할 수 있다.	1개 분야에 적절한 근거를 들어 작품을 해석할 수 있다.	
태도	활동 참여도	5	활동에 흥미를 갖고 매우 적극적으로 참여하였다.		활동에 협력적으로 참여하고자 노력하였다.		활동에 참여하였다.	

록 평가는 항상 신중하고 철저히 진행해야 합니다.

5. 수행평가 작품 및 평가 기록지 보관

수행평가의 학생 작품 보관과 수행평가를 기록한 평가 기록지는 당해 연도 평가 지침과 학교 학업성적 관리규정에 따라 보관하고, 해당 기간이 종료되면 학생들에게 본인 작품을 돌려주거나 폐기합니다.

02 지필평가

1. 문항 출제 전 점검

지필평가 문항 출제에 앞서 동교과 협의를 통한 사전 점검이 꼭 필요합니다. 교수-학습 과정은 교사의 자유 영역이지만, 동교과 교사와 공통적으로 시험 문제를 출제해야 하므로 시험 문제와 관련된 부분은 일치해야 합니다. 출제하려는 내용을 서로 빠짐없이 가르쳤는지, 시험 문제와 관련된 학습지나 유인물을 학생 모두에게 나눠줬는지, 특정 학급에만 유리하게 가르치지 않았는지 등 형평성에 어긋나지 않도록 주의합니다. 다음은 출제 과정에서 쉽게 일어날 수 있는 실수이니, 사전에 확인하세요.

- 앞 반과 뒷 반 학습지가 다른 경우
- 시험 문제와 관련된 학습지를 교사가 나눠주지 않은 경우

- 시험 문제 출제 내용을 특정 학급에서만 강조하여 가르친 경우
- 출제 내용을 빠뜨리고 가르친 경우

2. 서술형 출제 및 채점

▶ **예상 답안 및 인정 답안 설정**

주요 교과는 수행평가 혹은 지필평가 시 서·논술형 문항을 함께 출제하는데, 서술형 문항은 객관식과 달리 교사가 일일이 채점해야 합니다. 일반적으로 특정한 정답을 염두에 두고 문제를 출제하지만, 출제자의 의도와 달리 학생들은 다양한 답을 작성하게 되어 채점 시 다양한 '인정 답안'이 나올 수 있습니다. 좀 더 신뢰성 있는 평가를 위해 처음부터 정답이 될 수 있는 다양한 답을 미리 생각해보고 여러 인정 답안을 제시하는 게 필요합니다. 평가 기준조건에 의한 감점은 문제 되지 않지만, 특정 핵심 단어만 정답으로 인정하고, 유사한 의미의 단어는 오답 처리한다면 시험 취지에 어긋나기 때문입니다.

주관식 문항은 특정 정답이 나올 수 있도록 핵심 단어를 제시하거나 특정한 문장 형식을 제시하여 좀 더 채점이 쉽도록 문제를 출제할 수 있지만, 서술형 문항은 주관식과 그 의도가 다르기 때문에 출제한 뒤에 가능한 답변을 생각해보며 문제를 수정하는 과정이 필요합니다.

▶ 평가 루브릭 설정

평가의 신뢰성 및 공정성을 높이기 위해서는 평가자에 따라 채점 신뢰도가 달라지지 않도록 하는 게 중요합니다. 이를 위해서는 '평가 루브릭' 즉 '채점 기준표'를 명확히 설정하여 누가 채점하더라도 같은 결과가 나올 수 있게끔 해야 합니다. 평가 루브릭은 수행평가 및 지필평가 모두에 적용되어야 합니다. 왜 감점되었고, 어떤 부분 때문에 오답 처리되었는지 교사가 학생에게 설명할 경우 반드시 근거자료가 필요합니다. 이를 위해서는 문제에 조건을 꼼꼼하게 달아서 조

▶ 서술형 평가 채점 기준표 예시

번호	정답	유사 정답	채점기준	배점
1	공통적으로 사용된 설명 방법은 대상의 사례를 들어 설명하는 '예시'이다.	공통적으로 사용된 설명 방법은 여러 가지 예나 사실을 나열하는 '열거'이다.	(1) 문장으로 서술하지 않은 경우 1점 감점 (2) 문법적 오류 및 맞춤법 오류 시 횟수에 상관없이 1점 감점 (3) 설명 방법의 명칭 : 1점 설명 방법의 특징 : 3점	3
2	㉠은 각 어근의 뜻이 합쳐져서 이루어졌고, ㉡은 각 어근의 뜻 이외의 의미로 합성이 이루어졌다.	(1) ㉡은 ㉠과 달리 각 어근의 뜻에서 벗어나 새로운 뜻으로 사용되는 합성어이다 (2) ㉠은 한 어근이 다른 하나를 수식해 주는 합성어이며, ㉡은 어근이 하나로 합쳐져 새로운 뜻을 가지게 된 융합 합성어이다.	(1) 문장으로 서술하지 않은 경우 1점 감점 (2) 문법적 오류 및 맞춤법 오류 시 횟수에 상관없이 1점 감점 (3) 각 어근의 뜻과 다른 새로운 의미를 지니고 있는 융합 합성어에 대한 설명이 있으면 정답 인정	5

건별 배점 기준을 명확히 정해야 합니다. 맞춤법 오류로 감점할 시에도 평가 루브릭에 포함시켜 감점 요인 및 요소가 무엇인지 문제별로 명확히 제시해야 합니다.

▶ 답안이 평가요소를 정확하게 담고 있는지 파악

문제를 출제하기 전 평가 목표 및 평가 요소를 분석하여 무엇을 평가하고 싶은지를 명확히 해야 합니다. 평가 요소를 분명히 해야 출제오류를 줄일 수 있고, 학생들에게 출제자의 의도를 전달하기 쉽기 때문입니다. 무엇을 평가하고 싶은지 '평가 요소'를 정한 뒤 그에 맞게 문제를 출제하고 예시답안을 작성합니다. 예시답안 및 인정답안 안에 평가하고자 하는 내용이 명확하게 들어가 있는지 파악해야 채점오류를 줄일 수 있습니다. 앞서 말한 평가 루브릭과도 연관된 부분입니다. '평가 요소 분석' – '평가 루브릭 작성' – '예시답안 작성' – '루브릭에 맞게 점검' 과정을 통해 문제 및 답안에 오류가 없는지 확인하는 게 적절합니다.

3. 문항 출제 Tip

▶ 편집 스타일 설정 및 단축키 사용

학교마다 고사 원안 파일을 제공해주는데, 빈 한글파일에 작성 후 옮기는 것보다 처음부터 학교에서 제공해준 파일 형식에 맞춰 작성

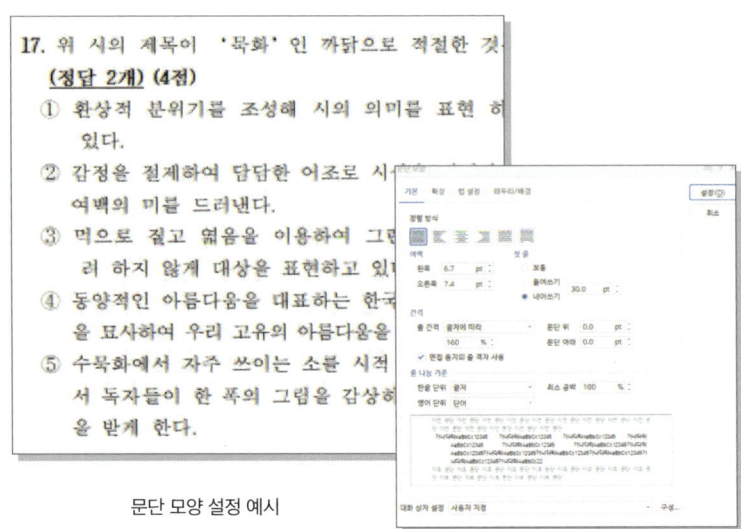

문단 모양 설정 예시

하면 편집이 수월합니다. 지문이 많은 교과는 시험지 양이 많아지게 되고 서로 다른 교사가 출제한 문제를 하나의 파일에 합쳐 편집하는 데 상당한 수고를 들여야 합니다.

이때 '문단 모양 설정'을 활용하면 조금 더 쉽게 편집할 수 있습니다.. 학교마다 제공된 파일에서 오른쪽 마우스를 클릭하면 '문단 모양'이라는 탭이 있습니다. 다음은 왼쪽 문제처럼 정렬하기 위한 문단 모양 설정입니다. 문단 모양 설정에서 '여백' 부분을 학교 편집 스타일에 맞게 미리 설정하고, 얼마나 들여쓰기 및 내어쓰기 할 것인지도 입력합니다. 학교에서 제공해주는 파일마다 스타일이 다르므로 학교 지정 파일 스타일을 파악하고 그대로 입력합니다.

본인이 편집 담당인데 동교과 교사가 다른 파일에 문제를 전달하

(라) 그와 그의 형제들은 바로 그 집에서 나고 그 집에서 컸다. 노란 흙벽, 노란 초가지붕, 노란 마루, 노란 마당, 정다운 노란 집. 그 집의 봄 여름 가을 겨울, 봄 여름 가을 겨울의 아침과 낮과 저녁과 밤이 그 집 아이들의 성장에 함께 있었다. 그는 그 집의 봄 여름 가을 겨울과 봄 여름 가을 겨울의 어느 아침과 낮과 저녁과 밤을 먼 훗날까지 그의 영혼 깊은 곳에 간직해 두고서는 몹시 힘들고 고달픈 도시에서의 봄 여름 가을 겨울의 어느 아침과 낮과 저녁과 밤에 마음속의 보석처럼 소중한 그 추억들을 끄집어내 보고는 했다.	(라) 그와 그의 형제들은 바로 그 집에서 나고 그 집에서 컸다. 노란 흙벽, 노란 초가지붕, 노란 마루, 노란 마당, 정다운 노란 집. 그 집의 봄 여름 가을 겨울, 봄 여름 가을 겨울의 아침과 낮과 저녁과 밤이 그 집 아이들의 성장에 함께 있었다. 그는 그 집의 봄 여름 가을 겨울과 봄 여름 가을 겨울의 어느 아침과 낮과 저녁과 밤을 먼 훗날까지 그의 영혼 깊은 곳에 간직해 두고서는 몹시 힘들고 고달픈 도시에서의 봄 여름 가을 겨울의 어느 아침과 낮과 저녁과 밤에 마음속의 보석처럼 소중한 그 추억들을 끄집어내 보고는 했다.

자간 줄이기 예시 [Shift + Alt + N]

① 한 집안 아이들의 마음속에 자리 잡은 추억 ② 탄생, 성장, 죽음이라는 과정이 모두 이루어지는 공간 ③ 사람이 아무도 살지 않아도 신이 반기는 따뜻한 공간 ④ 인간의 편리에 익숙해진 현대인에게는 다소 불편한 공간 ⑤ 자연의 섭리에 순응하고 자연과 함께하는 자연 친화적인 공간	① 한 집안 아이들의 마음속에 자리 잡은 추억 ② 탄생, 성장, 죽음이라는 과정이 모두 이루어지는 공간 ③ 사람이 아무도 살지 않아도 신이 반기는 따뜻한 공간 ④ 인간의 편리에 익숙해진 현대인에게는 다소 불편한 공간 ⑤ 자연의 섭리에 순응하고 자연과 함께하는 자연 친화적인 공간

줄 간격 줄이기 예시 [Shift + Alt + A]

여, 두 파일을 합치다 보면 편집을 다시 해야 하는 경우도 있습니다. 이 역시 문단 모양 설정을 통해 편집을 쉽게 할 수 있습니다. '여백'을 설정했다면 '줄 간격' 역시 학교 지정 스타일에 맞춥니다. 선택지의 경우 ①번에서 ⑤번으로 갈수록 내용이 길어져야 하는데, 선택지를 정렬할 때도 '줄 간격' 및 '자간 조정'을 통해 할 수 있습니다. 본문이

길어 문제지 양이 많은 교과의 경우에도 '자간 줄이기'로 문제지 양을 줄일 수 있습니다.

▶ 단축키로 늘리고 줄이는 게 관건

단축키	기능	적용
Ctrl + Z	되돌리기	실수해서 이전 상태로 돌아가고 싶을 때
Alt + T	문단모양	여백, 줄 간격을 조정하고 싶을 때
Shift + Alt + N	자간(글자 간격) 줄이기	본문 내용이 너무 많아 글자 간 간격을 줄이고 싶을 때, 선택지 정렬을 맞춰야 할 때
Shift + Alt + W	자간(글자 간격) 늘리기	본문 내용을 읽기 쉽게 글자 간 간격을 늘리고 싶을 때, 선택지 정렬을 맞춰야 할 때
Shift + Alt + J	장평(글자 좌우 폭) 줄이기	본문 내용이 많아 내용을 줄여야 할 경우 글자의 좌우 폭 줄이기. 자간보다 줄어드는 폭이 큼.
Shift + Alt + K	장평(글자 좌우 폭) 늘리기	본문 내용을 읽기 쉽게 글자 간 간격(좌우 폭)을 늘리고 싶을 때, 선택지 정렬을 맞춰야 할 때. 자간보다 늘어나는 폭이 큼.
Shift + Alt + A	줄 간격 줄이기	분량을 줄이고 싶을 때 줄 사이 간격을 줄이기
Shift + Alt + Z	줄 간격 늘리기	분량을 늘리고 싶을 때 줄 사이 간격 늘리기
Shift + Alt + E	글자 크게 하기	글자 크기가 너무 작으면 전체 드래그하고 글자 크기 늘리기
Shift + Alt + R	글자 작게 하기	글자 크기가 너무 크다면 전체 드래그하고 글자 크기 줄이기

▶ 3개년 기출문제 확인

어떻게 문제를 출제해야 할지 막막할 때는 학교 홈페이지에서 기출문제를 참고하는 게 좋습니다. 시험공부 할 때도 기출문제가 답이라고 하는 것처럼, 문제를 출제할 때도 기존 교사들은 어떻게 출제했는지 문제 형식을 참고해보세요. 기출문제를 참고해서 정제된 문제 유형을 파악하고 이를 바탕으로 창작해보는 게 효과적입니다. 또, 기출문제를 풀어보면 난도가 높은 문제가 얼마나 되는지 파악할 수 있어서 학생들 수준에 맞게 난이도 조절을 어떻게 해야 할지 생각해볼 수 있습니다. 문제를 출제한 뒤 똑같은 문제나 겹치는 문제가 없는지도 확인해야 합니다.

▶ 목표 평균 점수 설정

학생들에게 좌절감을 주지 않고 평가 목표에 도달하게 하기 위해서 모든 문제를 쉽게 내거나 어렵게 내지 않고, 적절히 쉬운 문제와 어려운 문제를 고르게 섞어 출제해야 합니다. 이런 이유로 '이원목적분류표'에 '난이도'를 체크합니다. 100점이 몇 명 정도면 좋을지, 학년 목표 평균점수가 몇 점 나오면 좋을지를 먼저 설정하고 문제를 출제하면 본인이 설정한 수준에 맞게 난이도를 조절하며 출제할 수 있습니다. 일반적으로 목표 평균점수를 설정하고 시험문제를 출제하는데, 해당 시험에서 목표점수보다 평균이 높게 나오면 다음 시험 난도를 높이고, 목표점수보다 평균이 낮을 때는 다음 시험 난도를 낮춰서 학기별 평균을 조정합니다.

▶ 수능 및 평가원 모의고사 문제 참고

정교하고 다양한 유형의 문제를 출제하려면 수능 및 평가원 모의고사 문제를 참고하면 좋습니다. 수능 및 평가원 모의고사 문제는 1차원적인 문제보다 응용문제가 많고 몇 차례 검증된 문제라서 다른 문제집을 참고하기보다 이를 참고하는 게 평가 연습하는 데 도움 됩니다. 고등학교 시험에는 수능문제를 응용한 문제가 많이 출제되지만, 중학교는 대부분 그렇지 않으므로 난도 조절을 위해 1~2문제 정도 어려운 문제를 출제 시 수능문제를 참고하면 문제 오류 감소에 도움 됩니다.

4. 출제 오류 줄이는 Tip

▶ 동교과 교사와 교차점검

등잔 밑이 어둡다는 말이 있듯, 본인이 낸 문제의 오류는 본인이 발견하기 어렵습니다. 따라서 동교과 교사와 문제 및 답안을 서로 공유하고 최소 3회 이상 교차점검하여 오류를 줄이도록 합니다. 바쁘다는 핑계로 서면으로만 교차점검하면 서로 시험 문제 출제와 관련하여 오해가 생길 수 있으니, 각자 문제 및 답안을 확인하고 직접 만나서 의논하는 과정을 거치는 게 적절합니다. 동교과 교사 없이 단독 출제해야 한다면 다른 학년 교사에게라도 양해를 구하고 문제오류가 없는지 점검받도록 합니다.

▶ **기호 및 선택지 확인**

　문제를 출제할 때보다 문제를 수정하며 오류가 발생하는 경우가 많습니다. 일반적으로 본문에 기호가 들어가고 선택지와 연결된 문제를 많이 출제하는데, 문제를 수정하면서 기호를 삭제하거나 새로운 곳에 넣어야 하지만, 기존 기호를 그대로 두는 오류가 많습니다. 점검 과정에서 답만 맞추며 넘어가기보다는 본문을 꼼꼼히 읽으며 기호와 선택지를 연결하면서 점검하면 이와 같은 오류를 피할 수 있습니다.

▶ **정답 가능한 경우의 수 확인**

　문제를 출제할 때는 의도하는 답을 염두에 두기 때문에 문제의 오류를 발견하기 어렵습니다. 따라서 출제를 완료한 뒤 정답으로 설정한 선택지 외에 다른 선택지도 정답이 될 수는 없는지 차근차근 점검한다면 '복수 정답'이나 '모두 정답' 처리하는 결과를 피할 수 있습니다. 본인이 출제한 문제가 아니라 다른 교사가 출제한 문제도 (정답을 미리 알더라도) 시험문제를 풀 듯 문제를 풀고 정답을 확인한다면 이 작업이 더 수월합니다. 본인이 낸 문제를 다른 교사가 풀었을 때 틀렸다면, 왜 그렇게 풀었는지 이유를 충분히 논의하고 타당한 이유가 있다면 문제를 수정하는 게 현명합니다.

▶ **난도가 높은 문제 확인**

　평가 요소가 명확하고 무엇을 물어보는지 명확한 문제라면 출제 오류가 발생할 확률이 상대적으로 적습니다.. 문제의 난도를 높이기 위하여 하나의 선택지 속에 타당한 내용과 부적절한 내용을 섞은 경우에 출제 오류가 일어날 수 있습니다. 문제의 난도를 높이다 보면 어떤 부분이 적절하지 않은지가 명확하지 않을 수 있기 때문입니다. 따라서 난도를 높일 경우 본인이 정답이라 의도한 답 외에 다른 선택지도 정답이 될 여지가 있는지 여러 번 확인합니다.

03 시험 감독 유의 사항

중등교사라면 누구나 시험 감독관으로 참여하게 됩니다. 교내 시험뿐 아니라 외부 시험이나 대학수학능력시험 감독교사 역할을 하기도 합니다. 시험에 상대적인 경중은 있을 수 있지만, 모든 시험이 중요합니다. 시험 감독관으로서 해야 할 일과 지켜야 할 수칙을 숙지해야 합니다.

I. 준비해야 할 일

시험 종류에 따라 감독관 역할 및 준비 사항이 상이할 수 있으나, 수험생들이 최적의 환경에서 시험을 잘 치르도록 하는 목적은 같습니다. 몸가짐을 살펴보는 게 기본입니다. 감독관의 작은 행동도 학생들에게는 민감하게 받아들여져 집중력을 흩트릴 수 있다는 걸 항상 염두에 두어야 합니다. 몸가짐 및 용모나 의상을 점검하고 장시간 서 있을 것을 염두에 두고 준비해야 합니다. 구체적인 사항은 다음과 같습니다.

- 움직임에 소리가 날 수 있는 옷 지양(패딩처럼 바스락거리는 소재의 옷)
- 추운 날에는 두꺼운 옷보다는 얇은 옷을 여러 개 입기(두꺼운 옷을 입으면 움직임이 불편할 수 있음. 시험장 기온이 높아질 때를 대비해 벗을 수 있는 옷 준비)
- 모자나 화려한 액세서리 또한 움직임이 불편할 수 있으므로 지양
- 향수나 향이 강한 화장품도 수험생들에게 방해될 수 있으므로 지양
- 장시간 서 있어야 하니 바닥이 편한 운동화나 끌리지 않는 슬리퍼착용
- 습관적인 소리나 움직임이 있다면 조심할 것(감독관의 잦은 움직임이 방해되었다는 수험생의 민원 사례 있음)

미리 시험 시간을 확인하고 감독관 유의 사항 책자를 꼼꼼히 읽고 숙지합니다. 준비물로 인장을 마련하되, 정자체로 성과 이름이 모두 적힌 인장이어야 합니다. 만년도장을 사용하는 게 인장이 번지거나 따로 찍는 수고가 없어 편리합니다. 감독관도 수험생과 마찬가지로 전자기기, 서적, 신문, 음식물을 갖고 입실하지 않아야 합니다(특히 소리 나는 전자시계를 가져가지 않도록 유의합니다).

2. 시험장에서 해야 할 일과 유의 사항

시험 감독관은 예비령이 울리기 전에 미리 시험지가 든 봉투와 준비물을 수령해야 합니다. 시험실을 확인하고, 봉투의 개수를 확인합니다. 시험지가 든 봉투는 시험장에서 직접 개봉해야 하기 때문에 미리 개봉 및 훼손하지 않아야 합니다. 여분의 컴퓨터용 사인펜이나 수정테이프를 챙기고, 감독관에게 필요한 볼펜과 인장을 준비합니다. 휴대전화는 무음으로 해두거나 수능과 같이 민감한 시험에는 아예 가져가지 않는 게 좋습니다.

고사실에 입실 후 재적, 응시인원, 결과·결번을 확인하고 학생들이 제자리에 앉아있는지 확인합니다. 답안지(OMR카드)를 배부하고, 답안지에 학생들이 학번(또는 수험번호)과 이름을 적도록 안내합니다. 과목명과 과목코드도 안내합니다. 본령이 울리면 시험지를 배부합니다. 학생들에게 시험지 매수와 문항 수, 앞뒷면 인쇄 상태를 확인하게 하고, 이상이 없으면 문제를 풀도록 안내합니다.

OMR카드에 감독관 인장을 찍거나, 서명해야 하는데 시험 중이나 답안지 교체가 있을 수 있으므로, 교사의 선택에 따라 시험을 마치고 점검하며 서명하거나 인장을 찍을 수도 있습니다(수능에서는 학생들이 답안지를 교체하지 않고 수정테이프를 사용하므로 시험 중에 본인 및 수험번호 확인을 진행합니다). 학교에서 진행하는 정기고사는 시험 중 확인하는 게 적절합니다. 학번이나 과목코드를 잘못 표기하는 학생도 많을뿐더러 문항 번호 끝까지 답안이 제대로 작성되었는지 한 번 더 점검해줄 수 있기 때문입니다. 시험 중간에 답안지를 교체하는 학생은 기억해두었다가 답안지를 어느 정도 작성 후에 확인합니다. 고사 종료를 예고하는 안내방송이 나오면 엎드린 학생도 일어나서 학번, 이름, 과목코드, 모든 문항에 답안이 작성되었는지를 재확인하도록 안내합니다. 간혹 종료 시각이 촉박한데 답안지를 교체하겠다는 학생이 있다면, 종료령이 울렸을 때 작성이 다 되지 않았을 경우에는 기존의 답안지로 제출할 수 있다고 안내하여 학생이 선택하게 하고 답안지를 교체해줍니다. 종료령 이후에는 답안지 교체가 어렵기 때문에 사전에 답안지 점검이 이루어질 수 있도록 합니다.

시험 종료 후에는 번호순대로 답안지를 정리하고 응시인원과 답안지 개수, 번호나 학적정보, 과목코드를 재확인하고, 답안 봉투에 넣습니다. 이후에 학생들이 이동하도록 안내합니다.

시험을 감독할 때는 앉아서 다른 서적이나 신문을 읽거나 휴대전화를 보는 등의 행위를 하지 말아야 합니다. 감독의 의무에 충실하게 시험을 감독하는 게 민원 소지를 없애고 학생들이 안정적인 환경에서 시험에 임하게 하는 것입니다. 수능 때는 정감독과 부감독으로 나뉘어 시험을 감독하는데, 최근 부감독 자리에 키 높이 의자가 배치되는 경우가 있습니다. 정감독 교사가 수험생들을 확인 및 점검한 후라면, 정감독 교사에게 양해를 구하고 융통성 있게 돌아가며 의자에 앉는 것도 좋습니다.

시험 실시 후 수험생이 제기한 민원 예시[*]

- 시험 종료 시각 전에 답안지를 걷는 행위.
- 감독관이 감독관 서명란에 잘못 서명해서 답안지를 재작성하여 시험시간 낭비.
- 감독관이 시험실 및 휴대 가능 물품에 대한 지침 미 숙지.
- 감독관이 화장실을 이용하지 못하게 함.
- 감독관이 결시자 책상에 앉아서 감독하거나 감독관끼리 잡담.
- 감독관이 시험시간을 잘못 고지하여 시험시간 분배 실패.
- 감독관이 다른 수험생이 코 골며 자는데도 방치하여 시험 방해.
- 감독관이 소지한 휴대전화에서 벨이 울려 시험 방해.
- 감독관이 듣기평가 도중 칠판에 판서하여 방송 청취 불가하여 시험 방해.
- 감독관의 구두 발소리로 인하여 시험 방해.

---

[*] 2022학년도 대학수학능력시험 감독관 유의 사항(2021.10) 중 발췌, 한국교육과정평가원

8장

학기 말 생활기록부 정리해볼까?

중요한 과제 생활기록부

오쌤 매년 생활기록부를 작성하는데, 학기 말에는 특히 심적으로 바쁘고, 정신없어서 실수가 발생하네요.

윤쌤 맞아요. 1년에 두 번 정도만 작성하니 매년 새롭게 느껴져요. 실수를 최소화하여 생활기록부를 작성하는 방법이 있을까요?

김쌤 저는 생활기록부를 전략과 순서를 바탕으로 작성하여, 그동안 큰 실수가 없었습니다. 제가 생활기록부를 작성하는 전략과 방법 등 노하우를 공유해 드릴게요.

- 생활기록부는 학생의 1년 교육활동 및 평가내용과 학교생활 및 발달 모습을 작성한 문서입니다. 학생의 신체적, 정신적, 정의적, 사회적 발달상황을 1년 단위로 기록하는 장부로 주요 작성 내용은 다음과 같습니다.

> 인적 및 학적사항, 출결 상황, 수상경력, 교과세부사항 및 특기사항, 창의적 체험활동 상황(자율활동, 동아리활동, 봉사활동, 진로활동), 독서활동기록, 행동 특성 및 종합 의견 등

대부분의 학교에서 1학기 말인 여름방학 직전에 1학기 생활기록부를 작성 및 점검합니다. 2학기 말부터 다음 연도 전까지는 당해 연도의 모든 교육활동을 작성하고, 3~4차례에 걸쳐 교차점검 및 정리하여 보관합니다. 생활기록부는 학생이 학교를 졸업한 후에도 반영구적으로 보관됩니다. 고등학교와 대학교 진학은 물론 취업 시 필요한 서류로, 장래 진로에 큰 영향을 미칠 수 있는 기록물입니다. 따라서 담임교사나 교과교사는 한 사람의 미래를 생각하며 정성스럽게 작성해야 합니다. 많은 교사가 12월에 생활기록부 내용을 작성하고, 서로 교차점검하며 수정하느라 바쁜 시간을 보냅니다. 학교 자체적으로 생활기록부 작성과 관련된 연수가 있거나, 연수 자료가 배부되지만 놓칠 수 있는 부분도 있어서 이를 확인 및 준비해야 합니다.

01 출결 상황

 출결 상황은 월별로 출석상황부를 작성하여 결재 받기 때문에 큰 문제가 발생하지는 않습니다. 간혹 문제가 발생하여 다음 연도에 학업성적관리위원회를 개최하여 정정대장을 기록할 수 있습니다. 이와 관련된 주요 내용은 다음과 같습니다.

 첫째, [자료반영]입니다. 생활기록부 내용을 작성하여 저장하기만 하면 안 됩니다. 반드시 작성한 내용의 자료를 반영하는 탭을 클릭해야 기록됩니다. 이 부분을 놓쳐서 출석 일수가 0 혹은 기준일 수에 못 미치는 걸로 기록되는 경우가 많습니다.

 둘째, [개근] 내용 작성 관련입니다. 지각, 조퇴, 결석 등 아무것도 없이 당해 연도에 모두 출석한 학생은 [학적 > 출결관리 > 출결특기사항등록]에서 '개근'을 입력합니다. 그런데 이 부분을 놓치고 미기재한 게 간혹 발견됩니다. 졸업식 전 미리 '개근'을 입력해두었는데

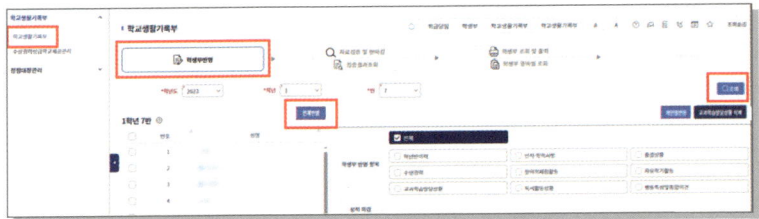

나이스 - [학급담임] - [학생부] - [학교생활기록부] - [학생부반영] - [전체반영]

그 기간에 결석과 같은 출결 상황 변동이 발생할 수 있습니다. 따라서 출결은 졸업식 날까지 확인 및 점검해야 합니다.

특히 중학교 3학년 학생이 11월~12월경 자사고 및 특성화고등학교를 지원할 때 제출해야 하는 서류인 생활기록부를 준비할 시기에 오류 내용이 종종 발견되면 급히 학업성적관리위원회를 개최하여 정정대장을 작성하는 경우가 제법 있습니다. 이때는 학생도, 담임 교사도 마음이 조급해질 수 있습니다. 따라서 이런 상황이 발생하지 않도록 생활기록부 최종 점검 및 제출 전에 출석 일수를 반드시 재확인해야 합니다.

나이스 - [학급담임] - [학적] - [출결관리] - [출결특기사항등록] - 특기사항란에 '개근' 입력

02 행동 특성 및 종합 의견

　행동 특성 및 종합 의견은 담임교사가 작성을 힘들어하는 부분이지만 생활기록부 작성의 절반을 차지한다고 할 수 있는 중요한 부분입니다. 담임교사가 한 해 동안 학생의 생활 습관과 행동을 수시로 관찰한 누가기록 행동 특성을 바탕으로 특징과 잠재력, 개인적인 능력 등 학생을 총체적으로 이해할 수 있는 문장으로 입력합니다. 연말에 한꺼번에 많은 학생을 기록하면 긴 시간이 소요될 수 있습니다. 누가기록 내용이 없으면 학생의 성향과 특성을 구체적으로 작성하기 어려워 형식적인 문구로 작성하게 될 수도 있습니다. 따라서 행동 특성 및 종합 의견은 틈틈이 학생이 긍정적인 변화를 보였을 때나, 특기 및 인상적인 모습을 보였을 때 바로바로 작성하기를 추천합니다. 3월부터 조금씩 틈날 때마다 작성하면 어느덧 12월 말에 학생들 1년 모습이 그대로 기록돼있음을 확인할 수 있을 것입니다. 행동 특성 및 종합 의견 작성으로 힘들어할 수 있는 시기에 더욱 세심하게 생활기록부의 다른 영역을 기록 및 점검할 수 있는 시간이 확보됩니다.

종례시간 이후를 학생들의 인상적인 모습을 기록하는 시간으로 학교업무 루틴을 만들어보길 추천합니다. 행동 특성을 기록할 때 자기만의 형식을 정해두면 좀 더 수월하게 작성할 수 있습니다. 예를 들면 첫 문장은 학생의 전반적인 성격이나 특성, 교우관계와 관련된 총평을 적고, 다음에 학습 및 활동 사항을 적는 것입니다. 학생이 자기 장점을 발휘하여 학교생활에 기여한 부분이나 경험을 핵심 인성 요소로 고려하여 구체적으로 적습니다. 마지막으로 학생이 학교생활에서 성장한 부분과 스스로 발전을 위해 노력한 부분, 성장 가능성을 기재합니다. 단점이 있더라도 부정적인 표현보다는 어떤 면에서 발전 및 성장할 수 있는지를 위주로 기재하는 게 좋습니다. 더불

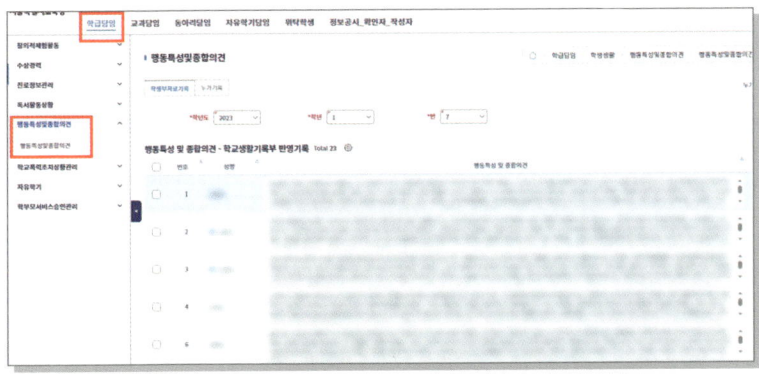

나이스 - [학급담임] - [학생생활] - [행동 특성 및 종합 의견] - 누가기록과 함께
행동 특성 및 종합 의견을 함께 기록

어 학교폭력 조치사항 기재 영역 및 삭제 시기는 반드시 확인해야 합니다. 관련 학생이 발생했거나 기록이 있는 경우에는 학교폭력 담당 부서로부터 다시 한번 상세 내용 확인을 거쳐 관련 내용을 작성 혹은 삭제하기를 추천합니다.

▶ 행동 특성 및 종합 의견 기재 예시

명랑한 얼굴로 친구들에게 친절하게 대하는 등 타인을 위한 이해와 배려를 지녔음. 이러한 점을 친구들에게 인정받아 2학기 학급 회장으로 선출됨. 학급 회장으로서 학급 회의를 진행하는 과정에서 자기 의사 표현을 확실히 하고, 다수의 의견이라고 하여 주관 없이 따르거나 행동하지 않는 면을 보여줌. 특히 자기 의사를 표현할 때도 강하게 자기 말만 내세우는 게 아니라, 타인의 말을 먼저 귀담아듣는 자세를 보여줘 학급 행사를 진행할 때마다 반 친구들 의견을 하나로 모아 협력적으로 처리하는 모습을 보여줌. 코딩 분야에 관심이 많아 간단한 게임 만드는 법을 스스로 공부하고 친구들에게 직접 만든 게임을 선보일 정도로 재능이 많음.

03 창의적체험활동 상황

창의적체험활동 상황은 네 영역으로 구성되어 각각 작성됩니다. 자율활동, 동아리활동, 봉사활동, 진로활동으로 나뉩니다.

I. 자율활동

생활기록부 내용 중 가장 나중에 작성하면 좋을 부분입니다. 일반적으로 수정과 오류가 많이 발견되어 생활기록부 담당교사로부터 전체 수정 안내를 많이 받게 되는 부분이기 때문입니다. 학교 학사 일정 및 수업일 변동, 활동 내용 변동 등의 사유로 재수정하는 경우가 종종 있습니다. 따라서 이 모든 부분이 수정되어 최종 완료되는 시점에 작성하는 것을 추천합니다. 자율 활동은 입학식, 학급회장 선거, 학교폭력예방교육, 생명존중교육, 학생회장선거, 성폭력예방교육 등 다양한 활동에 대한 내용입니다. 활동내용에 따른 활동시간의 누가기록과 이수시간의 일치 여부가 중요하니 이를 잘 확인해야 합니다. 각 학교에서 배부 및 안내되는 생활기록부 연수자료 예시 문구를 토대로 참여도와 활동 의욕, 진보 정도, 태도 변화를 학생 개인별 특성이 드러나도록 작성합니다. 학생이 조퇴, 지각, 결석의 사유로 참여하지 않은 경우에는 관련 내용의 누가기록 및 특기사항 내 활동내용과 활동일자를 작성하면 안 됩니다.

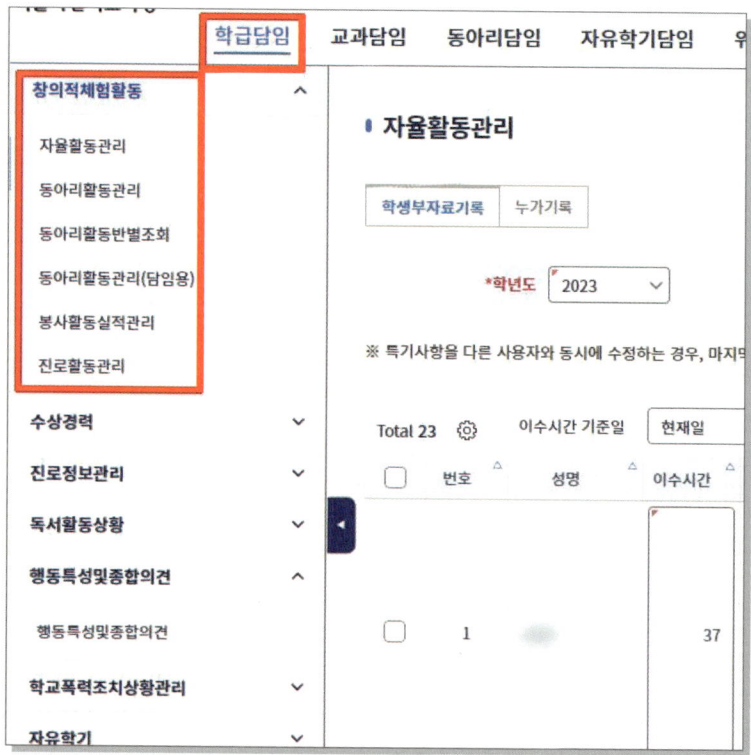

나이스 - [학급담임] - [창의적체험활동]

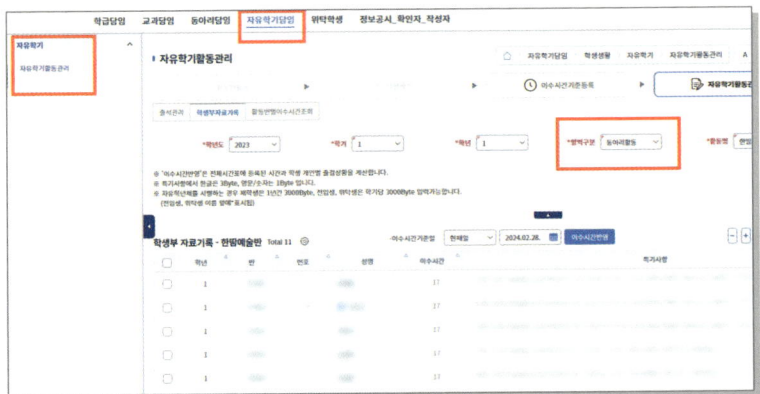

1학년: 나이스 - [자유학기담임] - [자유학기] - [자유학기활동관리] - [영역구분: 동아리 활동]

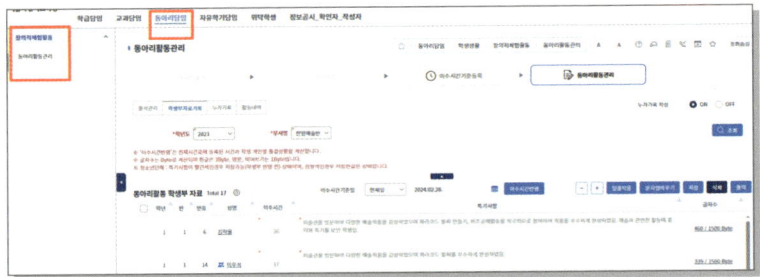

2·3학년: 나이스 - [동아리담임] - [창의적체험활동] - [동아리활동관리]

2. 동아리활동

교사가 연초부터 운영한 동아리 활동의 내용과 학생 개인별 특기사항을 작성합니다. 동아리가 운영된 날짜를 등록하는 동아리 이수 시간 등록을 잘 확인하고, 반영합니다. 학교 내 동아리 업무 담당 교사가 상세 안내 연수 자료를 보내주고, 동아리 업무는 창의체험부에서 운영하는 게 일반적입니다. 1학년은 '자유학기담임'에서 입력하며, 2, 3학년은 '동아리담임'에서 기록합니다

3. 봉사활동

봉사활동은 아이들의 고입 진학 시 내신 성적 산출로 반영되는 영역이었으나, 2024학년도부터는 반영되지 않는 것으로 변경되었습니다. 봉사활동을 지속적으로 수행하거나 봉사와 관련하여 특별 전형 고등학교 입시를 목표로 하는 학생에게는 중요할 수 있습니다. 봉사활동 시간과 내용을 작성할 때는 해당 지역명이 들어가지 않도록 하고, 나눔포털사이트(1365자원봉사포털 사이트)에서 나이스로 자동 연계되는 데이터를 학교 양식에 맞게 수정합니다. 학교에 봉사활동 시간을 기록할 수 있는 경우도 있습니다. 학교에서 공통적으로 운영하는 봉사활동 수업(교과 수업 중 창·체 수업)은 되도록 결석하지 않도록 지도합니다. 학교 행사 도우미나 급식 및 분리수거 도우미 등 추가로 봉사활동 시간을 받을 수 있는 방법을 연초에 살펴보고, 학급 역할을 선정하는 시간에 아이들이 함께 신청할 수 있도록 합니다. 급식 및 분리수거 도우미는 활동 기간이 한 학기씩, 다음 학기에도 할 수 있는 인기 있는 활동이니 많은 아이가 할 수 있도록 균등히 배분·선정합니다. 봉사활동은 학교마다 상이하게 운영될 수 있습니다.

4. 진로활동

'진로체험의 날' 학교 학사일정에 계획된 활동 내용을 기록합니다. 쉽게 작성할 수 있는 부분이지만 진로 희망 분야 부분은 학생들을 상담하거나 직접 개별적으로 답을 얻어 작성합니다. 구글 및 네이버 폼을 설문을 활용하여 학생들에게 질문하고, 충분한 생각과 고민

나이스 - [학급담임] - [창의적체험활동] - [봉사활동실적관리]

나이스 - [학급담임] - [창의적체험활동] - [진로활동관리]

후에 답할 수 있도록 지도하면 답변을 효과적으로 수합할 수 있습니다. 그 내용을 12월 연말보다는 10월 고사 기간 이후나 추석 연휴 기간에 간단한 과제로 제시하여 받아두면 촉박하지 않게 작성할 수 있습니다. '나이스' 내 학급담임 → 창의적체험활동 → 진로활동관리, 조회를 클릭하고 하단에 있는 희망 분야에 내용을 입력합니다.

9장

갈등에 슬기롭게 대처해볼까?

스스로 보호하는 교사의 마음

윤쌤   요새 옆자리 교사와의 갈등으로 힘드네요. 제게 마음이 상한 것 같은데, 어떻게 관계를 풀어야 할지 모르겠어요.

오쌤   선생님, 힘드시겠어요. 저도 작년에 비슷한 일을 겪었어요.

김쌤   어떻게 갈등을 해결하셨는지 궁금합니다. 그나저나 이제 교원평가 시즌인데, 벌써 마음이 심란하네요.

오쌤   네. 일단 선생님들의 마음이 다치지 않는 게 우선이라고 생각하는데요. 어떻게 하면 스스로 마음을 지킬 수 있을지 알아볼까요?

- 교사에게 학교는 직장이고, 직장에서는 인간관계에서 발생하는 갈등을 피하기 어렵습니다. 대부분의 직장인은 주로 상사나 동료와 갈등을 겪습니다. 교사는 관리자, 동료 교사, 학생, 학부모와 갈등을 겪을 수 있습니다. 학교폭력, 학생 사이의 갈등에 대해 예방 교육하는 게 중요한 것처럼 교사 사회에서의 갈등도 예방할 수 있다면 정말 좋겠지만 인간관계에서 오는 갈등과 스트레스는 예방한다고 피할 수만은 없습니다. 어떻게 해결 및 대처할 것인지 고민한다면 '심리적 소진'을 줄이고 즐거운 교직 생활을 이어갈 수 있을 것입니다.

심리적 소진이란 불안·긴장·직무 스트레스에 대한 반응으로, 정신적·신체적 고갈과 태도 및 행동의 변화를 수반합니다(Cherniss, 1980). 사람을 직접 상대하는 직무에서 정서적 고갈, 비인간화, 개인적 성취감 결여의 증상이 나타나는 심리적 증후군(Maslach & Jackson, 1981)으로 정의됩니다. 즉 스트레스를 지속적으로 받으면 신체 자원의 고갈뿐 아니라 정신 자원의 고갈도 겪게 되어 학교생활에 부정적인 영향을 줄 수 있습니다. 학교 교육에서 주도적인 역할을 담당하는 교사가 소진되면 개인 생활뿐 아니라 학생과 학부모, 다른 교사들과의 관계에 부정적인 영향을 미칠 수 있습니다.[*]

학교라는 공간에서 동료 교사, 학부모, 학생과의 인간관계로부터 오는 갈등을 피할 수는 없더라도, 마음을 슬기롭게 챙길 수 있습니다. 누구나 갈등을 겪을 수 있지만, 사건을 객관적으로 바라보고 긍정적으로 마인드 컨트롤한다면 갈등이 발생했을 때 좀 더 유연하게 대처할 수 있을 것입니다. 갈등에 직면하면 '왜 나에게만 이런 일이 벌어지는 걸까?'라는 생각이 들 수 있습니다. 다른 교사는 학교 업무와 인간관계 모두 유연하게 대처하는 것 같은데, 자기에게는 역량이 부족하거나 교사라는 직업이 적성에 맞지 않는 게 아닌지 생각할 수도 있습니다.

여기에서 '회복탄력성'이라는 개념을 살펴볼 수 있습니다. 회복탄력성이란 역경과 시련, 실패를 도약의 발판으로 삼는 힘입니다.[**] '실패는 성공의 어머니'라는 말이 있듯 시련과 역경에 부딪혔을 때 그대로 좌절해버리는 게 아니라 '어떻게 하면 이 문제를 해결할 수 있을지'를 생각해보고 환경에 적응할 수

---

[*] 정연홍·유형근, 아시아 교육 연구 17권 3호, 교사의 심리적 소진 측정도구 개발, 2017.
[**] 김주환, 회복탄력성, 위즈덤하우스, 2019.

있도록 긍정적으로 스토리텔링하는 게 회복탄력성의 핵심입니다. 인간관계에서 오는 갈등으로 상처 입더라도, 그런 갈등이나 상처는 누구나 겪을 수 있고, '오히려 지금 이런 일을 겪어서 다행'이라고 생각을 전환한다면 스스로 마음을 지킬 수 있을 것입니다. 마음을 지키는 데서 나아가 '앞으로 이런 비슷한 일이 벌어졌을 때 어떻게 대처할 수 있을까?'와 같이 질문하며 자기만의 대처법을 쌓아가는 게 좋습니다. 퇴근 후 잠자리에 들기 전까지 부정적인 사건을 곱씹지 말고, 학교에서 벌어진 일은 학교에서 털어버리고 긍정적인 스토리텔링을 하며 퇴근 후 행복한 일상을 즐길 수 있도록 노력하는 게 학교생활을 잘 해내는 버팀목이 될 것입니다.

01 동료 교사 및 관리자와의 갈등

　동료 교사는 교직 생활의 든든한 버팀목이 되어주기도 하지만, 의견 충돌이나 업무상 문제로 갈등을 빚을 수도 있는 대상입니다. 서울시교육청 교육연구정보원에 따르면 중학교 교사는 일반적으로 동료 교사, 학생, 학부모, 학교 관리자와의 갈등 중 동료 교사와의 갈등이 가장 심한 편이라고 합니다.

I. 주변 동료 교사와의 갈등 사례
- 동교과 교사와 수업 및 평가와 관련하여 의견이 맞지 않는 경우
- 기획 업무를 담당했는데 해당 업무 부장교사와 의견이 맞지 않는 경우
- 수업 시수 논쟁으로 동교과 교사와 얼굴을 붉힌 경우
- 동료 교사에게 실수로 손해를 입힌 경우

- 동료 교사와 친밀한 관계였으나 업무를 함께하며 사이가 틀어진 경우
- 동료 교사와 기피 업무 분장으로 갈등하는 경우
- 신규교사와 중견교사 간에 갈등하는 경우
- 동료 교사들이 이유 없이 따돌리는 경우
- 교사 개인의 권리를 두고 관리자(교장 및 교감)와 갈등이 벌어진 경우
- 교사가 추진하는 업무를 관리자가 반대하는 경우
- 학부모 민원으로 인해 관리자와 갈등이 발생한 경우
- 업무 분장에 개인상황을 고려하지 않는 관리자와 갈등하는 경우

신규교사 멘토링 채팅방에서 이와 같은 상황으로 고민하는 교사가 많습니다. 구체적인 사례를 몇 가지 살펴보겠습니다.

▶ 동교과 교사와 수업 및 평가 이견

같은 학년을 담당하는 동교과 교사와는 한 학기 동안 수업 과정 및 평가를 협의하여 진행합니다. 협의 시 의견이 맞지 않는 경우도 꽤 있습니다. 중학교 1학년 자유학년제 학생들은 지필고사를 치르지 않기 때문에 해당 학년의 담당교사는 평가 및 수업에 있어 다른 학년에 비해서 상대적으로 자율성이 큰 편입니다. 그러나 중학교 2, 3학년은 일반적으로 2번의 지필고사와 수행평가를 진행해야 하며 평가가 곧 성적에 반영됩니다. 따라서 평가 내용이 다를 경우 학부모 민원 발생 소지가 있고, 평가의 형평성에 어긋날 수 있기 때문에 이를 사전 협의하는 게 중요합니다.

사전 협의가 잘 이뤄졌더라도 시험문제 출제 시 교사 간에 마찰이

발생하는 건 흔합니다. 시험문제 출제 시 사전 점검과정은 출제 오류를 줄이기 위해 필요합니다. 본인이 출제한 문제의 오류는 잘 보이지 않지만 타인의 눈에는 오류의 소지가 있을 수 있기에 협의 및 수정해서 오류를 최소화해야 합니다. 수업내용에 대한 협의가 잘 이뤄졌더라도 중요하게 다루지 않거나 가르치지 않은 내용이 시험문제로 출제되지 않았는지 확인해야 합니다.

이 과정에서 '시험문제 수정 요구'에 민감하게 반응하는 교사도 있고, '중요하지 않은 부분까지 고쳐 달라는 요구' 때문에 번거롭다고 느끼는 교사도 있습니다. 시험문제를 공동 출제하였을 경우에 출제 책임은 문제를 출제한 교사뿐 아니라 문제를 점검하는 교사에게도 있습니다. 따라서 시험문제에서 오류가 발견되었다면 출제자에게 적극적으로 어떤 오류가 있는지 이야기하여 문제를 수정해야 합니다. 그러나 문제를 출제한 교사도 의도적으로 오류를 만든 것은 아니기 때문에 따지듯 혹은 명령조로 가르치듯 이야기하면 기분이 상할 수 있습니다. 당연한 요구더라도 "선생님, 조심스럽지만 제가 확인해봤을 때 이런 부분을 이렇게 고치는 게 어떨까 합니다"라고 예의를 지키며 요청해야 합니다. 지적보다 함께 해결책을 찾아보는 태도를 보이는 것도 효과적입니다. 말하는 사람의 의도가 서면으로는 전달되기 어려우니 업무로 바쁘더라도 시간을 내서 직접 만나 의견을 나누는 게 적절합니다.

의견을 전달했음에도 동료 교사가 불쾌해하며 시험문제 수정에 거부 의사를 밝히기도 합니다. 수정 요청을 자기 권위와 권리에 대한 도전으로 받아들이는 교사도 간혹 있기 때문입니다. 그럴 때는 어떤 점이 문제 되는지, 무엇이 오류인지 교과서나 참고서를 통해 근거를 마련한 뒤에 다시 의논해보면 좋습니다. 그럼에도 상대 교사가 수정을 거절하는 의사를 밝힌다면, 교과주임 교사와 동교과 협의 자리를 마련하거나, 교무부장 교사에게 도움을 요청해보는 게 적절합니다. 이런 요청이 동료 교사와의 일을 크게 만드는 것으로 느껴질 수도 있지만, 시험문제는 중요하고 민감한 사안인 만큼 혼자 고민하기보다는 다른 교사에게 상황을 알리고 지혜를 모아 해결하는 게 현명합니다. 동교과 교사와 사이가 나빠질까 봐 고민할 수 있지만, 기분이 상할 수 있는 부분은 사과하고 공동 출제자로서 도움이 되고 싶기 때문이라고 진심을 담아 의견을 전해보길 추천합니다.

▶ 동료 교사에게 실수

학교에서 예상치 못한 사고가 발생하기도 합니다. 예를 들어 대부분의 학교에는 지하주차장이 없거나 협소하여 주차 시 다른 교사의 차를 긁는 사고가 발생할 수 있습니다. 그냥 지나간다면 추후 관계가 어색해질 수 있고, 적절하지 못한 행동입니다. 차주 교사가 배상할 필요 없다고 하더라도 일정 부분 배상할 필요가 있습니다. 차주 교사가 현금 배상을 부담스러워한다면 백화점 상품권이나 현금 교환 가능한 상품권과 함께 사과하는 게 추후 관계에 긍정적으로 작용합니다. 이외 급식실에서 동료 교사의 옷에 음식물이 튀게 하거나, 커피를 쏟는 등 실수로 손해를 입힌 경우에도 보상하는 게 적절합니다.

▶ 신규교사와 중견교사 갈등

'MZ세대'와 '기성세대'의 갈등은 학교에서도 예외가 아닙니다. 자기 의견을 말하는 건 잘못된 게 아니고, 당연한 권리지만 기성세대 중에는 자기 의견과 반대되는 의견을 연소자나 하급직위자가 표현하는 걸 예의가 없다고 생각하는 경우가 종종 있습니다. 특히 동교과 협의회나 업무 관련 의견 조율과정에서 이런 갈등이 벌어집니다. 학교생활에서 인간관계도 중요하기 때문에 갈등을 최소화하는 게 좋지만 필요하다면 예의 바르게 자기 의견을 전해야 합니다. 직접적으로 갈등을 겪은 경우에 상대 교사가 무례하다고 느낀 부분에 대해 사과하고 좋은 방향으로 마무리하고자 노력합니다.

▶ 개인의 권리를 두고 관리자와 갈등

교사는 수업이 우선이므로 조퇴나 휴가를 쓰게 된다면 관리자에게 사전 승인받고, 수업 일정을 다른 교사와 바꿔 본인 수업에 차질이 없도록 하는 게 원칙입니다. 조퇴나 가족돌봄휴가는 사전에 일정을 관리자에게 구두로 알리고, 기안문을 작성하여 결재받은 후에 학교 일에 차질 없도록 처리합니다. '조퇴, 휴가'와 관련된 규정을 찾아 개인이 사용할 수 있는 권리라는 것을 정확히 요구할 수 있습니다. 본인 수업 및 담임 업무에 차질을 주지 않고 모성보호시간과 같이 개인의 권리를 사용하는 것은 문제 되지 않는다는 점도 표현할 수 있습니다(교사의 복무지침도 과거보다 좀 더 개인의 사생활과 자율권을 보장하는 방향으로 바뀌고 있습니다).

〈변경된 복무지침〉
- 조퇴 및 외출 시 '개인 용무' 기재가 가능합니다. 별도의 대면 또는 구두 허락 절차가 필수 사항이 아니며, 구체적인 사유 기재도 필수가 아닙니다.
- 수업 준비와 시험문제 출제 및 평가 등 초과근무 신청에서 제외되던 업무들 역시 이제 업무의 연장선으로 초과근무 신청이 가능합니다.
- 방학 중 강제적 근무 조 운영이 금지됩니다.

그러나 갑작스레 수업일정을 변경하고, 담임 업무를 수행하지 못하는 것은 학교 업무에 차질을 줍니다. 학기 중에 강사를 구하는 게 쉽지 않고, 다른 교사가 대신 보강해야 할 수도 있습니다. 학교 업무에 상습적으로 차질을 주며 개인 권리만 주장하면 안 되겠습니다. 다만 건강상 문제나 피치 못할 사정으로 갑작스럽게 조퇴나 병가 사용이 필요한데 책임감 때문에 힘겹게 일을 마무리하면 개인 사정을 살피기 어려울 것입니다. 이때는 학교에 빠르게 사정을 알리고, 적절히 휴가를 사용하는 게 본인과 학교를 위해 더 나을 수 있습니다. 업무에 사명감을 가지면서도 개인 사정도 중요하기 때문에 필요한 경우에는 '학교는 나 아니어도 잘 돌아간다'고 생각할 필요도 있습니다.

▶ **학부모 민원으로 관리자와 갈등**

왕따나 은따 등의 따돌림과 관련 문제는 예방이 중요합니다. 그러나 예방한다고 다 막을 수 있는 것도 아닙니다. 교사가 해결하려고 나선다고 해서 마냥 해결되지도 않습니다. 예방은 갈등을 막기 위한 이유도 있지만 담임교사의 교육활동을 증명하기 위한 것이기도 합니다. 학생과의 면담 내용, 문제행동, 교사의 훈육을 [나이스 – 행동특성 및 종합 의견 – 누가기록]에 꾸준히 기록하는 게 필요합니다. 이는 관리자나 학부모와 마찰 발생 시 근거자료로 활용할 수 있습니다.

학부모 민원이 들어오지 않도록 사전에 학부모를 상담하고 담임교사 선에서 해결할 수 있으면 좋지만, 학부모가 관리자에게 민원을 제기한다면 자책이나 좌절하지 마세요. 혼자 끙끙 앓다가 일이 커지는 것보다 어떤 상황인지 관리자에게 알리고 학교 차원에서 힘을 모아 대응하는 것도 필요하기 때문입니다.

담임 반에서 일이 생겼을 때 다독여주고 용기를 주는 관리자를 만나면 좋지만, 그렇지 않을 수도 있습니다. 모든 일에는 '책임'이 있는데, 관리자가 담임교사에게 1차적 책임을 전가할 수 있습니다. 이때 당황하지 말고 그동안 학생 및 학부모와 상담한 내역, 평소 학생의 상황, 누가기록 내용을 관리자에게 모두 정리 및 제출하여 교사로서 노력을 증명하고 그럼에도 이런 일이 발생했다는 것을 표현해야 합니다. 위클래스와 협력하여 문제를 해결하는 것은 담임교사가 위클래스 상담교사에게 상황을 알리고 학생과 상담했다는 근거자료도 되어 중요합니다.

02 학생과의 갈등 및 교원평가

I. 학생과의 갈등

학생과의 갈등은 교사로서 피하기 어렵습니다. 학생이 바른길로 인도해야 하는 교사가 학생을 훈육하는 과정에서 크고 작은 갈등이 일어날 수도 있습니다. 대다수 학생에게 사랑받는 교사여도 교육활동을 하다 보면 갈등이나 예상치 못한 사건으로 교권 침해가 발생합니다. 한창 예민한 사춘기의 학생들을 대하다 보면 갈등이 발생할 수 있습니다. 이때 위축되고 상처 받으면 심리적으로 소진되어 교직에 대한 애착을 잃을 수도 있습니다. 왜 나에게만 이런 일이 생기는 것인지, 자신의 문제로 생각하기보다는 드디어 올 것이 왔다고, 학생도 호르몬 때문에 힘든 것이라고 한 발짝 떨어져 상황을 볼 필요가 있습니다.

2. 학생과도 필요한 거리두기

교사에게 첫 발령 후의 몇 년간은 학생과 교직에 대한 애정과 열정이 가장 높은 시기입니다. 신규교사는 학생의 감정을 하나하나 세심히 살피고자 하고, 작은 갈등에도 함께 고민하며 끙끙 앓기도 합니다. 그런데 이것저것 이벤트도 시도해보고 학급 경영을 위해 노력했는데도 결과는 예상과 다르고, 해결하려고 할수록 악화되는 학생들 문제에 괴로워하는 경우가 많습니다. 학급 아이들이 미워지기도 하고, 힘든 원인을 스스로에게서 찾기도 합니다.

교직 생활이 시작되고 몇 년간 열정은 넘쳤지만, 아이들이 예쁜 줄 모르다가 몇 년 지나자 비로소 예쁘게 느껴졌다는 경력교사의 말은 신규교사에게 위로가 됩니다. 열정이 조금 식어갈 무렵 오히려 신기하게도 아이들이 예뻐 보이기 시작한다는 겁니다. 이는 학생들과 '거리두기'가 잘 이루어졌기 때문입니다. 신규교사는 아이들 속에 파고들어 작은 문제라도 직접 해결하려고 애쓰고, 이성적이기보다는 감정적으로 일을 처리하기 쉽습니다. 진심으로 아파하고 기뻐하며 아이들에게 공감하기 때문인데요, 이는 정작 문제해결에 큰 도움이 되지 않습니다.

학급에 발생하는 문제나 문제행동을 하는 학생을 지속적으로 관찰하되 적당히 필요한 관심만 줘야 합니다. 너무 많은 관심과 열정은 아이들에게 지나친 간섭으로 느껴질 수 있고, 한 발짝 떨어져 아이들을 바라보면 아이들도 힘들어서 문제 행동을 했을 거라고 여유 있게 상황을 대할 수 있습니다. 학생과 갈등이 발생해도 스트레스를 덜 받고, 더 원만한 관계를 형성할 수 있습니다.

몇 가지 사례를 통해 학생들과의 갈등 상황 대처법을 살펴보겠습니다.

▶ 교사를 무시하는 학생

라포르 형성을 위해 학생에게 따뜻하게 다가가는 게 좋습니다. 잘못한 부분을 절 설명해주고 작은 일이라도 칭찬해주며 긍정적 상호작용이 일어나도록 합니다. 학생은 때로 교사의 관심을 부담스러워하기도 하지만, 관심을 원해서 이 문제행동을 하는 경우가 많습니다. 그럼에도 문제행동이 반복된다면, 교사도 상처 받고 지치게 될 것입니다. 이 학생 외에도 교실에는 신경 써야 할 많은 학생이 있기 때문입니다. 이럴 때는 계속해서 다가가기보다는 적당한 거리를 유지하며 기다려 주는 게 필요합니다.

▶ 교사에게 욕설 및 폭언하는 학생

교사에게 욕설 및 폭언하는 학생에게는 단호하게 대해야 합니다. 교사도 사람이므로 감정적으로 화가 나겠지만 학생과 감정싸움은 피해야 합니다. 특히 교실에서는 최대한 학생과의 마찰을 피해야 합니다. 다른 많은 학생이 보고 있는 상황에서 해당 학생이 잘못된 영웅심리에 의해 교사에게 더욱 거칠게 행동할 확률이 높기 때문입니다. 이때는 일단 넘기고, 수업이 끝나고 둘만 있을 때 훈육하는 게 적절합니다. 그럼에도 학생이 잘못을 인정하지 않고 교사에게 무례하다면 교권위원회에 회부하여 교칙에 따라 처리하는 게 적절합니다.

▶ 수업을 방해하는 학생

수업 시간에 차질을 줄 정도의 행동을 하는 학생에게는 반드시 그 행동이 수업을 방해하는 것임을 인지시켜줘야 합니다. 학생과 라포르 형성이 잘 되었다면 좋은 말로 타일러 문제를 해결할 수 있지만, 그렇지 않다면 좀 더 강하게 훈육하여 문제행동을 교정해야 합니다. 수업 방해는 다른 학생의 수업권 침해 및 교권 침해와도 관련되기 때문입니다. 단, 문제행동을 한 학생을 교실 밖으로 내보내는 건 그 학생의 수업권 침해가 되므로 지양해야 합니다.

수업 방해 학생보다는 수업에 열심히 참여하는 학생들에게 관심을 주어 수업 분위기를 긍정적으로 전환하는 방법도 있습니다. 대다수 학생이 수업에 성실히 참여하는 선순환 구조로 이어질 수 있습니다. 단순히 수업에 집중하지 못하여 방해하는 학생이라면 벌점 및 상담으로 해결할 수 있지만, ADHD나 교사에 대한 반항심을 이유로 방해하는 행동을 할 수 있습니다. 수업 시간에는 해당 행동을 멈추도록 짧게 이야기하고, 수업이 끝난 뒤 상담으로 원인을 파악하여 추가 조치하는 게 적절합니다.

▶ 예의 없이 연락하는 학생

자기 행동이 예의 없다는 것을 모르는 학생도 많습니다. '밤늦게 연락하면서 인사도 없이 용건만 이야기하는 경우', '부탁하고 감사

인사도 하지 않는 경우', '시험 점수 감점에 대해 지나치게 이의 제기하는 경우' 등이 대표적입니다. 이런 학생을 마주하면 교사도 사람이므로 감정이 상하고 화가 날 수 있습니다. 그러나 감정을 적절히 덜어내고 학생을 가르쳐야 할 대상으로 여긴다면 좀 더 마음이 편해질 것입니다. 대부분은 잘 모르고 행동하는 경우가 많기 때문입니다. 교사는 학생을 바른길로 인도하고 가르치는 사람이니 이런 학생의 행동 역시 좋은 말로 알려주어 긍정적 변화로 이끄는 게 바람직합니다.

▶ 학급 규칙을 어기는 학생

학급 규칙에는 상징적인 의미가 있습니다. 교사가 학급에서 일어나는 많은 문제행동을 공정하고 형평성 있게 합리적으로 문제를 해결할 수 있기 때문입니다. 학기 초에 학급 규칙을 만들고 규칙을 어길 시 받는 벌칙을 정합니다. 학교의 교칙이 있는 사항은 교칙에 의거하여 처리하고, 그 외 사항은 학생들과 회의를 통해 규칙을 마련하면 좋습니다.

예를 들어, 친구에게 욕설한다면 '욕 빽빽이 쓰기', '도덕책 옮겨 적기', '예쁜 말 적기' 등 개선 항목을 만들어 이에 따라 해결하는 분위기를 조성합니다. 거짓말한다면 '명심보감 적기', '거짓말과 관련된 교훈 적기' 등 문제 행동과 관련된 벌칙을 통한 규칙에 따라 처리합니다.

학생들에게 학급 규칙을 만드는 과정에서 합의의 중요성을 충분히 설명하면 교사와 학생들의 감정싸움이 줄게 됩니다. 학급 규칙을

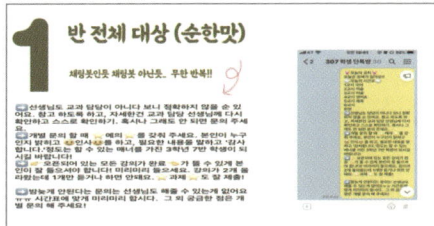
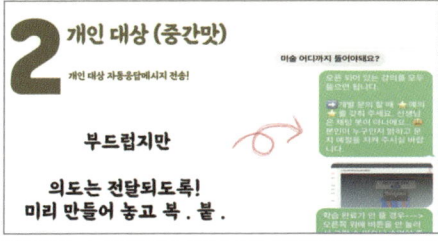
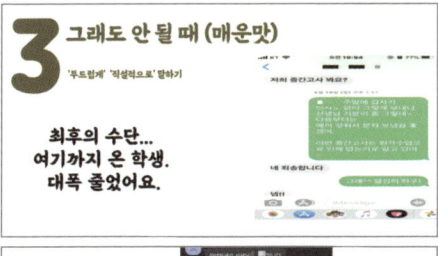
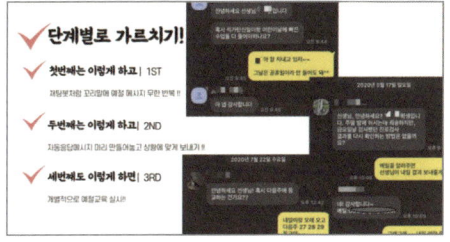

예의 없이 연락하는 학생 대응 매뉴얼 예시

학생 참여로 만들되 교사가 원하는 방향으로 이끌어 주면 효과적입니다. 학생 역시 스스로 정한 규칙에 더욱 책임을 느끼고 지키고자 노력할 것입니다.

▶ **학생 간 갈등을 조장하는 학생**

청소년기는 친구 관계에 민감한 시기이므로 학생 사이의 미묘한 갈등이 왕따와 같은 심각한 문제로 번지기도 합니다. '말 전달'이 문제의 원인인 경우가 많습니다. 이를 예방하기 위해 틈틈이 학교폭력 예방 교육을 진행합니다. 학생들에게 상황 설명을 통해 누가 가장 나쁜지 투표하게 하여 교우관계에 교훈을 얻도록 하는 방법입니다.

다음 예시와 같이 A가 B의 뒷담화하는 상황에서 A는 뒷담화 주도자, C는 맞장구친 동조자, D는 B에게 전달한 사람이라는 상황을 설정하고 누가 가장 잘못했는지 눈을 감고 투표하게 합니다. 학생들 성향에 따라 투표 결과가 달라질 수 있지만, 투표의 목적을 밝히고, 왜 이런 행동이 나쁜지 설명하고 문서화하여 학급에 게시합니다.

누가 제일 나쁠까?

A가 B의 뒷담화를 하고 있는 상황
A 뒷담화 주도자
C 맞장구 친 동조자
D B에게 전달한 자

우리 반의 선택은? A, D가 제일 나쁘고 그다음으로 C가 나쁘다!
결론은 셋 다 나쁘다. 교우관계에서 반드시 알아둬야 하는 문제
뒷담화하지 않는다(SNS, 페이스북, 에스크, 카톡 포함).
뒷담화에 동조하지 않는다(동조자도 함께 처벌 대상).
전달하지 않는다(상대방이 듣고 싶어 하지 않을 수도 있다. 좋은 말만 하자!!).

바람직하지 않은 행동에 대한 투표 예시

3. 대처가 중요한 교권 침해

교육부의 '교육활동 침해 현황'에 따르면 교권 침해는 꾸준히 증가하는 추세입니다. 대면상황에서 언어폭력, 신체폭행뿐 아니라 비대면상황에서도 초상권 침해, 언어폭력 사건 등 다양한 형태로 나타나고 있습니다. 교권 침해를 처음 겪은 교사는 학생을 보듬어주고 넘어가야 하는 게 맞는지, 괜히 일을 키우는 게 아닐지 고민합니다. 본인이 겪은 상황이 교권 침해가 맞는지, 스스로 문제가 있는 건 아닐지 판단이 어렵기도 합니다.

'교권 침해'란 학생에 의한 교육활동침해 행위입니다. 학생이 교

사의 훈육을 무시하고 지속적으로 수업을 방해하거나 교사를 모욕하는 것도 교권 침해에 해당됩니다. 교권 침해를 겪었을 때 교사의 마음이 다치지 않는 게 가장 중요합니다. 학생으로 인해 씻을 수 없는 상처를 받았다면 강경하게 대응해야 합니다. 단순히 '나만 참으면 돼'와 같은 생각이 또 다른 피해 사례를 야기할 수 있습니다. 학생도 사태의 심각성을 느끼도록 절차대로 대처해야 합니다. 교권 침해 사안 발생 시 대처 요령은 다음과 같습니다.

교권 침해 발생 시 학교 생활지도부(생활자치부)에 상황을 진술하고 절차대로 처리해줄 것을 요청할 수 있습니다. 정신적인 피해에 따라서 심리상담, 치료를 위한 병가 또는 휴가를 사용할 수도 있습니다. 추후 교권보호위원회가 개최되고, 교권 침해를 야기한 학생은 상황의 경중에 따라 처분되는데, 서면사과에서 전학 권고까지 다양한 처분이 나올 수 있습니다. 담임 반에서 학생을 계속 대하는 게 불편하다면 학급 교체와 같은 처분도 가능하니, 교사의 심리상태와 교권 침해상황을 적극적으로 알리는 게 필요합니다.

학생의 실수를 눈감아주지 못하고 학생에게 처벌을 내린다고 해서 나쁜 교사가 되는 게 아닙니다. 교권 침해상황에서 흥분한 학생에게 직접 바로 대응하지 않고, 이러한 상황이 교권 침해상황임을 알리며 절차대로 처리하는 게 교사의 역할입니다. 학생이 잘못된 길을 가면 훈육하고 바른길로 인도하는 것입니다. 교사도 사람이므로 사람으로 인한 상처는 쉽게 잊히지 않을 수 있습니다. 다만 자신을 위하여 상처를 치유하는 노력도 필요합니다. 교권 침해 시 감정적으로 상처 받기보다 업무적으로 그리고 이성적으로 상황을 대한다면 좀 더 빨리 심리적 상처를 극복할 수 있을 것입니다.

4. 교원평가에 대한 태도

교사 입장에서 교원평가는 아이들이 교사에 대해 어떻게 생각할까 궁금하기도 하고, 한 해 동안 열심히 했는데 좋은 평가가 많지 않을까 하고 기대할 수도 있습니다. 교원평가의 앞부분에는 '선생님의 좋은 점'을 적는 칸이 있고, 뒷부분에는 '선생님께 바라는 점'을 적는 칸이 있습니다. 스스로 상처에 취약한 상황이라고 판단한다면, 전체 내용을 읽는 것보다 '선생님의 좋은 점'이 적힌 앞부분만 확인하는 것을 추천합니다. 많은 학생이 교사가 학생들을 위해 노력한 점을 알고 이를 고마워합니다. 아이들의 응원과 감사 인사를 읽으며 1년간의 수고로움을 보상받는 시간을 갖길 바랍니다.

조금 용기가 생겼다면 뒷부분의 '선생님께 바라는 점'을 확인해보세요. 전체 내용을 다 읽고 나면 몇몇 부정적인 내용으로 인해 상처받을 수도 있지만, 일반적으로 부정적인 내용보다 긍정적인 내용이 많습니다. '선생님께 바라는 점'에 나온 내용이 교육활동에 된다면 교사 스스로 발전을 위해 객관적으로 받아들이는 자세도 필요합니다. 아무 이유 없는 비방이나 인신공격과 같은 부정적인 내용은 하나하나 곱씹으며 상처 받고 글쓴이가 누군지 궁금해하는 것보다는 잊어버리고, 좋은 내용 위주로 마음에 간직하길 바랍니다.

▶교원평가 예시

평가문항	답변
• 선생님의 좋은 점	학생이 좋아하는게 무엇인지 아신다.
• 선생님의 좋은 점	여러가지 활동을 해서 좋았다. 이해가 쉬웠다.
• 선생님의 좋은 점	국어 수업을 하실 때 발표도 많이 시키시고, 칭찬을 많이 해주셔서 좋습니다.
• 선생님의 좋은 점	오소정 선생님은 좋은 수업을 위해 많은 노력과 격려의 말을 해주신다. 격려의 한마디 덕분에 우리 반이 더욱 힘치고 재밌게 수업을 한 것 같다. 오소정 선생님께서는 수업에 많은 노력을 하시는 것 같다.
• 선생님의 좋은 점	일단은 학생들과의 소통과 배려가 가장 원활하신 선생님이라고 생각됩니다. 학생들 또한 선생님을 잘 따르고, 많은 격려와 칭찬으로 모든 활동에 열심히 임할 수 있도록 이끌어주십니다. 또한, 국어 시간에 글쓰기나 문법 뿐만이 아니라 발표나 토론 활동 등을 독서 시간과 연관지어 진행해주시는 것도 인상 깊었습니다. 여러 가지 활동을 준비해주셔서 그날 배운 내용이 기억에 잘 남고, 가끔씩 퀴즈나 영상으로 내용을 정리할 때 많은 도움이 됩니다.
• 선생님의 좋은 점	수업이 재밌다.
• 선생님의 좋은 점	수업을 재밌게 해주신다.
• 선생님의 좋은 점	수업을 재밌고 집중되게 하는 수업을 하셔서 지루하지 않다.
• 선생님의 좋은 점	모르는 걸 알려주시고 경청해주셔서 재미있는수업을 해주신다. 고맙습니다.
• 선생님의 좋은 점	항상 친절하게 가르쳐주시고 수행평가도 미리 준비할 시간을 주시고 진행하셔서 감사합니다.
• 선생님의 좋은 점	학생들에게 호응도 잘 해주시고. 학생들과 더욱 친해지려고 노력하시는 것이 보입니다.
• 선생님께 바라는 점	없습니다.
• 선생님께 바라는 점	없다.
• 선생님께 바라는 점	X
• 선생님께 바라는 점	없습니다.
• 선생님께 바라는 점	없음.
• 선생님께 바라는 점	없습니다.
• 선생님께 바라는 점	1학년 국어 수업을 잘 맞춰주시고 지도 잘 부탁 드립니다. 수업에 열심히 임해주시고 너무나 감사합니다. 항상 감사합니다.
• 선생님께 바라는 점	바라는 점은 없으며, 늘 열심히 수업해주셔서 감사합니다.
• 선생님께 바라는 점	없다.
• 선생님께 바라는 점	모둠 활동을 더 많이 하고 싶다.

교원평가는 익명성을 띄기 때문에 인신공격이나 비방에 대해서 처벌이 어렵습니다. 부정적인 내용을 보고 화가 나고 상처 받을 수 있지만, 그 감정은 내려놓는 게 교사 자신과 학생과의 관계를 위해서 좋은 선택입니다.

03 학부모와의 갈등

 담임 업무를 수행하다 보면 학부모와 연락을 주고받게 됩니다. 학교에서 발생하는 사건, 가정에서 발생하는 사건 등으로 학부모와 갈등을 경험하기도 합니다. 학생으로 인한 스트레스에 더해 학부모와의 갈등으로 스트레스를 받는 교사가 많습니다. 교사를 서비스직으로 생각하는 학부모도 늘었고, 퇴근 후 학부모 및 학생의 연락을 받는 것도 스트레스일 수 있습니다. 학부모와의 갈등에 현명하게 대처하는 방법을 살펴보겠습니다.

I. 라포르 형성

 학부모와의 갈등을 예방하기 위해 평소 라포르를 형성하는 게 중요합니다. 담임으로 학생들을 만나는 첫날, 학부모와도 좋은 관계를 맺도록 노력해야 합니다. 개학 첫날 모든 학부모에 단체 문자 메시지를 전송하거나, 학부모를 위한 간단한 편지를 학생들 편으로 보내며 먼저 인사를 건네면 좋은 인상을 줄 수 있습니다. 학부모 단체 대화방이나 밴드, 클래스팅 등 소통 플랫폼을 운영하여 학생들 일상을 공유하고 도움 될 만한 자료를 보내면 평소 유대관계를 두텁게 유지할 수 있습니다.

특히 교사가 단톡방에 학생 일상을 올려주거나 부모와 아이가 이야기를 나눠볼 만한 자료를 제공했을 때 학부모의 만족도가 높습니다. 사춘기 아이들은 학교에서 있던 일을 잘 이야기하지 않는 경향이 많은데, 아이와 이야기 나눌 거리가 생기기 때문입니다.

물론 라포르를 형성한다고 해서 학부모와의 갈등이 100% 예방되는 것은 아닙니다. 별문제 없을 때는 좋은 관계를 유지하다가 학생의 이익과 관련된 사안이나 학교 규정에 관한 이야기가 오갈 때 관계가 감정적으로 변할 수도 있습니다. 그러나 감정적인 문제가 발생하더라도 평소 좋은 관계를 유지해왔다면 갈등 해결이 좀 더 수월합니다. 많은 학부모가 여태껏 교사와 좋던 관계를 한순간에 깨기보다 문제를 해결하고 이전의 좋은 관계로 돌아가기를 원하기 때문입니다.

2. 학부모 단체 대화방 운영

신규교사라면 학부모 단체 대화방을 운영하며 애로사항이 있을 수 있습니다. 자칫 학부모 단체 대화방이 질문과 잡담의 장으로 변질

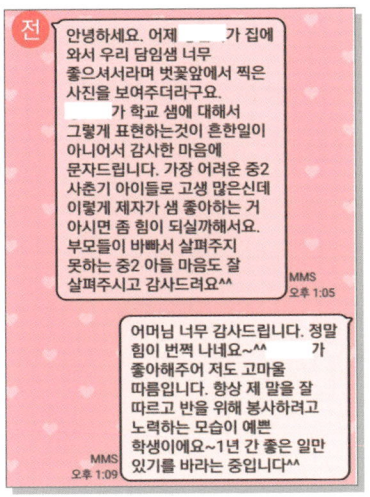

학부모와 라포르 형성하는 메시지 예시

될 수도 있고, 학부모가 늦은 시간에 아무렇지 않게 교사에게 연락하는 수단이 될 수도 있기 때문입니다. 따라서 교사는 단체 대화방 운영 시 스스로 스트레스 받지 않는 선에서 조절할 수 있도록 학부모에게 사전 안내하는 게 적절합니다. 학부모 단체 대화방을 만들고 혹시 원하지 않는 분께서는 나가셔도 좋다고 말씀을 드려 불편한 상황을 만들지 않도록 합니다. 원활한 운영을 위해 '공지사항'이나 '학급 일상 나눔' 위주로 운영될 것이며 '개인적인 질문이나 사담'은 지양해 줄 것을 안내하고, 이를 단체 대화방 상단 공지사항으로 업로드해둡니다. 학부모 단체 대화방에 개인적인 질문을 하는 학부모가 있으면 단체 대화방에 답하지 말고, 개인적으로 답하고 앞으로 해당 유형 질문은 개별적으로 해달라고 친절하되 단호하게 요청합니다.

학부모 단체 대화방을 운영할 경우 중요한 공지사항을 빠르고 쉽게 다수에게 전달할 수 있고, 수합해야 하는 자료가 있을 때 업무에 활용할 수 있습니다. 개인 연락의 경우 일일이 휴대전화로 연락해야 하지만, 단체 대화방은 PC를 활용할 수 있어 업무 속도도 빨라집니다. 특히 코로나19로 진행된 원격수업은 비대면으로 전달해야 할 공지사항이 많기 때문에 학부모 단체 대화방 운영이 효율적입니다. 그 외 '오픈채팅방'이나 '클래스팅', '밴드'와 같은 플랫폼을 이용할 수도 있겠습니다.

3. 칭찬 메시지 전송

일반적으로 학부모는 담임교사의 연락을 달가워하진 않습니다. 좋은 일보다 안 좋은 일이 발생했을 때 교사가 학부모에게 연락하는 빈도가 높기 때문입니다. 그러나 사소한 일이라도 학생을 칭찬할 만한 내용을 학부모에게 메시지로 전송하여 칭찬한다면, 학부모와 학생 모두에게 긍정적인 영향을 미칠 수 있습니다. 학생과 학부모 간에도 서로 나눌 만한 이야깃거리가 생기며, 학생은 학교에서뿐 아니라 집에서도 칭찬받을 수 있는 선순환 구조가 형성되기 때문입니다. 학교에서 문제를 일으키는 학생일수록 학부모와의 긍정적인 관계가 중요합니다. 학생이 조금이라도 발전하는 모습을 보인다면 즉시 칭찬해주고 칭찬 메시지를 보내 학생의 발전과 학생과 교사, 학부모와 교사 간 긍정적 관계 형성에 기여되도록 해주세요.

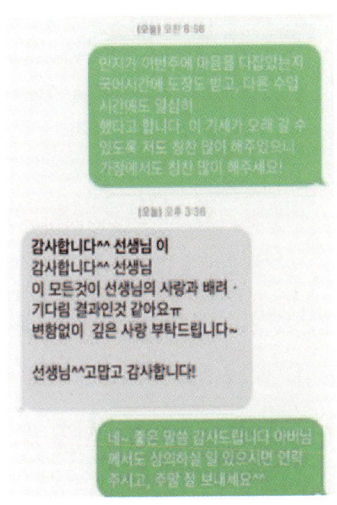

학생의 행동에 대한 칭찬 메시지 예시

4. 학부모 민원 전화

교사 간에 담임 업무가 기피되는 경향이 있습니다. '학부모 민원'이 이유입니다. 학교에서 일어나는 사건을 원칙에 맞게 처리하는 과정에서 학부모 민원은 발생할 수 있습니다. 때로 아무 이유 없이 말도 안 되는 요구를 하는 민원도 있습니다. 이 경우 교사에게 큰 상처가 될 수 있고, 대처 방법이 고민될 것입니다.

예를 들어, 학급에 은근히 따돌림을 당하는 학생이 있는데, 학생과 학부모와 비대면 및 대면 상담을 진행하는 과정에서 점점 학부모의 요구가 커질 수 있습니다. '다툰 친구와 다시 친구 관계를 맺어 달라', '학급을 교체해 달라', '체육수업 때 학생들에게 자유 시간을 주지 못하도록 체육교사에게 전달해라' 등 지나친 요구를 하기도 합니다. 그렇다고 담임교사가 해당 학생에게 친구를 만들어주고자 학급 아이들에게 부탁하면, 교사가 그 학생만 특별대우 한다는 불만을 느껴 오히려 학생들이 해당 학생을 싫어하는 마음이 커질 수 있습니다. 학부모가 주말임에도 교사에게 전화하고, 주말 약속으로 전화 받지 못하는 상황이면 '당장 전화 받지 않으면 교육청과 학교에 신고하겠다'는 협박성 문자를 남기기도 합니다. 겁을 먹고 메시지를 확인하는 대로 전화를 걸어 몇 시간 동안 학부모와 학생과 통화한 끝에 당장은 해결된 듯 보일 수 있습니다.

그러나 '무작정 학부모의 요구를 들어준 것'이 적절하지 못한 대처입니다. 학부모는 담임교사에게 속상한 마음을 하소연하기 위해 전화하는 경우가 많습니다. 그럴 때 어떤 해결책을 섣불리 제시하기보다는 학부모에게 감정적 지지와 위로를 건네고, 교사가 학생을 위해 노력하는 부분을 전하는 게 중요합니다. 학부모가 지나친 요구를 한다면 왜 그런 요구를 들어주기 어려운지 정중하게 설명하고, 그에 따른 부작용을 사례를 들어 이야기해주어 해당 요구를 단념시켜야 합니다. 예를 들어, '체육 수업 때 학생들에게 자유 시간을 주지 말라고 체육교사에게 전해라.'와 같은 요구에 대해 '체육교사께 아이의 상황을 충분히 말씀드렸고 체육교사께서도 더욱 신경 쓰시겠다고 했지만, 자유 시간을 주지 말라고 하는 부분은 담당교사의 교육활동에 대한 월권행위 및 다른 학생들의 권리를 침해하는 것으로 이를 전할 수는 없습니다. 저도 어머님(또는 아버님 등 보호자)과 ○○이의 마음이 힘든 데 공감하고 마음이 아픕니다. 제가 할 수 있는 최선을 다해보겠습니다.'와 같이 가능한 부분은 수용하되 할 수 없는 부분을 정중하고도 단호하게 거절하는 자세가 필요합니다.

교사가 직면할 수 있는 다양한 학부모와의 갈등 사례를 좀 더 살펴보겠습니다.

▶ 학생의 늦잠을 질병 지각으로 처리해 달라는 요구

학교 규정에 명시된 경우에는 규정대로 처리해야 합니다. 누구는 봐주고 누구는 규정대로 처리하는 건 공정하지 못합니다. 한 번 봐주는 선례를 만들면 또 다른 유사한 요구를 받게 될 가능성도 높아집니다. 학부모에게 학생이 늦잠을 자서 미인정 지각 처리가 된 것은 담임교사로서 속상하지만, 규정대로 처리해야 하며 이미 그렇게 처리된 학생이 여럿 있어서 해당 학생만 봐 줄 수 없는 점을 이해해 달라고 설명합니다. 그동안 잘 해왔던 학생이기 때문에 앞으로 지각하지 않고 성실하게 학교생활을 한다면 생활기록부에도 변화한 모습에 대하여 기재 가능하는 걸 안내해서 학부모의 마음을 달래드리세요.

▶ 학생 성적으로 인한 학부모 민원 전화

성적에 예민한 학부모가 시험 성적 관련 민원을 제기하기도 합니다. 심한 경우 '국민 신문고'에 올리거나 '교육청'에 민원을 넣기도 합니다. 담임교사 본인이 담당하는 과목이 아닌 다른 과목의 성적에 대한 민원이라면 너무 적극적으로 나서서 문제를 해결하려고 하는 건 지양해야 합니다. 자칫 해당 과목 교사가 불쾌할 수도 있기 때문입니다. 상황을 듣고 학부모에게 충분히 공감해준 뒤 함부로 해당 과목 교사에게 문제를 제기할 수는 없지만, 이 상황을 전달하겠다고 안내하는 게 좋습니다.

해당 과목 교사에게는 민원 전화에 대해 알리고 어떻게 처리할지 의논하는 게 적절합니다. 해당 과목 교사가 학부모와 직접 연락하길 원한다면 연락처를 전달하고, 학생을 불러 설명하길 바랄 경우에는 학생을 해당 교사에게 데리고 가는 정도의 역할을 수행합니다. 담임 교사가 아닌 과목 담당교사로서 성적 민원을 받았다면 해당 시험의 문제에 대한 채점 기준 및 오답 근거를 철저히 마련하고 학생을 불러 내용을 전달하고 학부모에게도 안내하는 게 적절합니다.

▶ 학부모의 폭언

말이 통하지 않거나 폭언하는 학부모와는 되도록 통화하지 않는 게 적절합니다. 연락해야 할 경우에는 문자 메시지로 필요한 내용만 간결하게 보냅니다. 중요 내용도 메시지로 전송하여 근거를 마련해야 합니다. 해당 학부모와 언쟁하거나 감정적으로 대응하기보다 폭언이 심한 경우의 증거를 수집해야 합니다. 이를 바탕으로 교권보호위원회를 열어 피해보상을 받을 수 있습니다.

교권보호위원회에서는 학생의 보호자(교권의 지위 향상 및 교육활동 보호를 위한 특별법 제15조)에 의한 교육활동 침해 사례도 조치 대상이 될 수 있다고 규정하고 있습니다. 교육청에 따라 '교직원 배상 책임

보험'에 가입된 경우에는 법률 비용을 지원받을 수 있으므로 잘 알아보고 대처합니다. 무엇보다 교사의 마음이 다치지 않는 게 중요하니 학부모로 인해 스트레스와 상처를 받으면서까지 관계를 해결하려 노력하거나 맞서 싸우기보다 '감정'을 빼고 '사실'만을 '메시지'로 전달하는 게 적절합니다.

▶ 우울증이 있는 학부모 상담

학생이 잦은 문제를 일으킨다면 학부모도 문제를 겪고 있을 확률이 높습니다. 담임교사가 학생의 문제 행동으로 연락했을 때 학부모가 지속적으로 울거나 신세 한탄하는 등 극도의 우울한 모습을 보인다면, 학생뿐 아니라 학부모도 눈여겨봐야 합니다. 담임교사로서 이런 학부모의 감정을 모두 받아주는 것은 쉽지 않고, 막막할 것입니다. 담임교사 혼자 학부모의 감정까지 끌어안으려 하는 것보다는 전문 상담으로 돕는 게 적절합니다.

먼저 위클래스 상담교사에게 논의하고, 학부모가 상담실에 와서 직접 상담해보는 걸 추천한다면, 학부모에게 문제해결을 위해 상담교사가 좀 더 도움 될 것이라는 취지를 전하고, 상담을 제안해봅니다. 학부모가 처음에는 거부할 수도 있지만, 상담교사와 통화한 뒤 마음의 문을 열고 직접 위클래스에 방문하여 몇 차례 상담을 진행하는 사례도 있습니다.

많은 경우 학부모는 자기 상황이나 상태를 담임교사가 알면 아이에게 영향이 갈까 걱정이 되어 교사에게 들키고 싶지 않아 합니다.

따라서 학부모에게 상담교사와 나누는 내용은 담임교사에게도 철저히 비밀로 보장될 것이라고 안내합니다. 이처럼 담임교사 혼자 처리하기 어려운 상황은 상담교사에게 도움을 요청하고, 필요에 따라 담임교사와 상담교사 동반 상담을 진행해보세요.

▶ 학생의 학교 부적응으로 인한 학부모 연락

학생이 학교에 가기 싫어하는 데는 다양한 이유가 있습니다. 학생에게 지속적으로 관심 두고 상담하며 그 원인을 파악하는 것도 중요하지만, 학부모에 대한 위로와 공감도 중요합니다. 학생의 학교 부적응은 교사가 단번에 해결하기 어려운 문제라는 것을 학부모도 알고 있을 것입니다. 그럼에도 교사에게 계속 도움을 요청하는 건 '공감'과 '위로'를 받고자 하기 때문입니다.

단순히 학교에 오기 싫어하는 학생에게는 문자메시지로 꾸준히 관심을 표하고, 학교에 오기를 기다리고 있다는 마음을 보여주어야 합니다. 문자메시지는 학생의 학교 부적응에 대한 교사의 대처 근거 자료로도 쓰입니다. 지속적인 미인정 결석의 경우에는 가정 방문이 필수입니다. 학생에게 잠깐 학교에 와서 얼굴이라도 비추고 조퇴하도록 유도하는 방법도 있습니다. 교사가 학생을 믿고 기다리고 있다는 것을 전달하려고 노력하는 게 중요합니다. 교사가 직접 학생을 상담하는 것도 좋지만 상황이 심각하다면 전문 상담 기관을 추천할 수 있습니다. 위클래스 상담교사에게 문의하면 적절한 관할 상담 기관을 추천받을 수 있습니다.

▶ 밤늦은 시간의 학부모 연락

업무용 휴대전화를 사용하는 교사가 늘고 있습니다. 업무 휴대전화와 개인 휴대전화를 사용하더라도 업무 시간 외에는 업무 휴대전화의 전원을 꺼두는 교사도 많습니다. 개인 휴대전화만을 사용할 때는 밤늦게 학부모의 연락을 받고 답장해야 할지 고민하는 상황도 발생합니다. 위급한 상황에는 담임교사로서 답장해야 하겠지만, 시간을 다투는 위급한 문제가 아닌 경우도 많습니다. 한 번 밤에 답장한다면 앞으로도 지속적으로 시간과 상관없이 연락하는 학부모가 늘 수 있습니다. 따라서 늦은 시간 연락에는 처음부터 답하지 않는 게 적절합니다. 다음날 아침에 답하거나 출근 전후로 최대한 빨리 답변합니다. 이렇게 하다 보면 자연스럽게 늦은 시간 연락하는 학부모가 줄게 될 것입니다. 학부모뿐 아니라 학생이 늦은 시간 연락할 때도 위와 같이 해결한다면 자연스럽게 늦은 시간 연락의 빈도가 줄 것입니다.

10장

아이들과 아름답게 작별 인사 해볼까?

훈훈하게 1년 마무리

윤쌤   벌써 1년이 끝나가고 있는데 학생들과 의미 있게 마무리하는 방법이 있을까요?

김쌤   저는 3학년을 담당하고 있어서, 아이들 졸업식 전에 학급 행사를 통해 추억을 만들어볼 계획이에요.

오쌤   저는 몇 년째 학급문집을 만들어 1년간 추억을 기록으로 남겨주고 있어요. 아이들도 처음엔 귀찮아해도 결과물을 받으면 만족스러워하네요.

윤쌤   두 선생님 모두 좋은 방법을 활용하고 계시네요. 저도 종업식 날에 아이들을 그냥 돌려보내지 않고 훈훈하게 1년을 마무리 지어야겠어요.

- 종업식 및 졸업식은 그동안의 학교 및 학급 생활을 마무리하고 기념하는 날로, 학생들에게도 교사에게도 다양한 감정이 듭니다. 힘들던 지난날도 행복한 추억이 되고 헤어짐과 끝이라는 말이 아쉬워 말썽꾸러기들도 눈시울을 붉힙니다. 교사는 학생 한 명 한 명 꼭 안아주고 손 흔들어주며 학교를 벗어나 더 큰 세상으로 나아가길 진심으로 바랄 것입니다. 모두가 애틋해지는 날에 '행복한 안녕'을 하기 위해 노력해야 합니다. 종업식·졸업식은 주로 방학식과 함께 진행됩니다. 학교 전체 방송이 종료되면 담임교사와 학급 학생들이 함께 보내는 시간으로 채워집니다. 책상과 사물함은 물론 교실을 전

체적으로 정리하고 방학 중 유의 사항을 전달하고 마지막으로 작별하는 시간에 이때 소소한 이벤트를 진행하면 더욱 뜻 깊게 마무리할 수 있습니다.

일례로 학급문집을 만드는 교사가 많습니다. 학기 말에 급하게 문집을 제작하는 것보다 1년 동안 차근차근 학급 추억을 모으는 작업을 진행한다면 시간에 쫓기지 않고 제작할 수 있습니다. 학생들에게 학급문집 제작이 좋은 추억으로 남을 것이고, 의미 있는 과정과 시간이 될 거라고 설명합니다. 학생들이 문집 제작과정에 적극적으로 참여할 수 있도록 역할을 부여하는 것도 중요합니다. 모든 과정을 교사가 진행하게 되면 비협조적인 학생들 때문에 교사가 스트레스를 받을 수도 있고, 좋은 마음에서 시작한 작업이 하나의 업무로 다가올 수도 있습니다. 학생이 우리 반의 주인이듯 문집을 만드는 주체도 학생이 되도록 합니다. 아이들이 직접 문집을 만드는 걸 귀찮아하거나 힘들어할 수도 있지만, 막상 문집을 받고 나면 굉장히 신기해하고 뿌듯해하는 모습을 볼 수 있습니다.

01 종업식 및 졸업식 이벤트

▶ **개별 특색 상장 수여**

1년 동안 학급에 기여한 부분을 토대로 상장을 제작한 후 나눠줍니다. 상장 용지 및 문서형식은 학교에서 제공받아 제작하면 됩니다. 세상에서 단 하나밖에 없는 유쾌한 상장을 학생마다 한 장씩 읽어주고 직접 수여해주며 마지막으로 개별적으로 이야기합니다.

상장 예시
- 덕분에 웃었상: 위 사람은 학급 분위기를 즐겁게 만들고 재치 있는 멘트로 친구들에게 큰 웃음을 주어 이 상장을 수여함
- 고맙상: 솔선수범하여 교실에 있는 물품들을 깨끗하게 관리해주고 쓰레기를 버려주는 천사 같은 모습을 보여 이 상장을 수여함
- 상상 그 이상: 기발한 행동으로 친구들과 선생님을 깜짝 놀라게 하고 그로

인해 심심할 틈을 주지 않았기에 이 상장을 수여함
- 넌 항상: 항상 깔끔하고 정돈된 모습과 웃는 얼굴로 친구들에게 매력을 발산하고 마음을 설레게 하였기에 이 상장을 수여함
- 노력이 가상: 열정적인 수업 참여와 꼼꼼한 필기 실력으로 선생님과 친구들을 놀라게 하고 열심히 공부하고 싶은 마음이 들게 하여 이 상장을 수여함

▶ **학급 영상 제작 및 감상**

1년 동안 학급 단체 사진과, 아이들의 모습을 촬영한 사진들을 하나로 묶어서 영상으로 제작해서 종업식 날 함께 감상합니다. 졸업식 영상을 제작하기 위해서는 학기 초부터 교사가 준비할 필요가 있습니다. 학생들과 활동하는 사진들을 찍어두면 나중에 영상을 만들 때 유용합니다.

평소 학생 한 명 한 명의 개인 활동과 단체 활동을 고루 촬영합니다. 학교 행사나 학급 행사 때 추억이 될 만한 기념사진을 많이 촬영해두었다가 영상을 제작할 때 활용합니다. 간단한 동영상 편집프로그램을 이용하여 학기 초부터 졸업 전까지의 사진을 모아 영상으로 제작하고, 마지막에는 담임교사가 그동안 아이들에게 전달하고 싶던 메시지나 영상 편지를 넣어 감동을 더할 수 있습니다.

모아둔 사진 중 개인사진 1장과 단체사진 1장을 학생 인원수대로 인화해 종이 액자에 앞뒤로 끼워 주면, 특별한 선물이 될 것입니다.

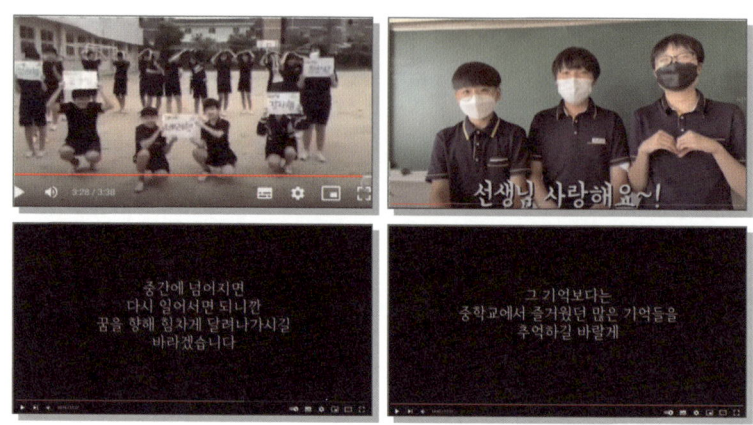
추억을 담은 학급 영상

▶ 하이 파이브로 마지막 인사

종례까지 마친 후에 담임교사가 출입문 앞에 서서 아이들의 마지막 귀갓길에 인사를 건넬 수 있습니다. 한 명씩 이름을 불러주며 하이 파이브 하며 인사한다면, 아이들에게 따뜻한 귀갓길을 선물할 수 있을 것입니다.

▶ 졸업식 기념 포토존 꾸미기

졸업식 전날 학급 아이들과 함께 교실에서 포토존을 꾸미며 졸업식을 기념할 수 있습니다. 졸업식은 대부분 대강당이나 체육관에서 전체 행사를 하고 각 학급으로 돌아가 담임교사와 마지막 시간을 보냅니다. 이때 학생들은 교실에서 기념사진을 촬영하는데, 교실에 포토존을 큰 금액을 들이지 않고 설치할 수 있습니다. 학교 인근 문구

교실 칠판에 꾸민 졸업식 기념 포토존

점이나 인터넷 쇼핑몰에서 숫자 및 파티 관련 풍선을 구입하여 장식하거나, 아이들 그림이나 글로 칠판을 꾸며볼 수 있습니다.

▶ 아이들에게 선물

학생들이 그동안의 학교생활을 추억하고 잊지 않을 수 있도록 의미 있는 선물을 하는 것도 좋습니다. 앞으로도 유용하게 사용할 수 있는 물품(만년도장, 샤프, 텀블러 등)에 학생 이름과 응원의 메시지를 각인하여 선물한다면, 학생들이 학창 시절을 기억하며 앞으로 나아갈 힘을 얻을 수 있을 것입니다.

02 학급문집

▶ **학급문집 제작의 장점**

- 제작 과정에서 학생들 생각을 묻고 답하며 일종의 '간접 상담'이 가능합니다.
- 1년간의 추억을 문서로 제작하여 소중히 간직할 수 있습니다.
- 제작 과정에서 다양한 활동을 하면 문집 제작 자체가 하나의 이벤트가 될 수 있습니다.
- 학생들이 제작에 직접 참여하며 성취감과 뿌듯함을 느낄 수 있습니다.

▶ **학급문집 제작 과정**

- 학급문집 예산 파악하기

학급 운영비가 충분하다면 이를 활용하여 학급문집을 제작할 수

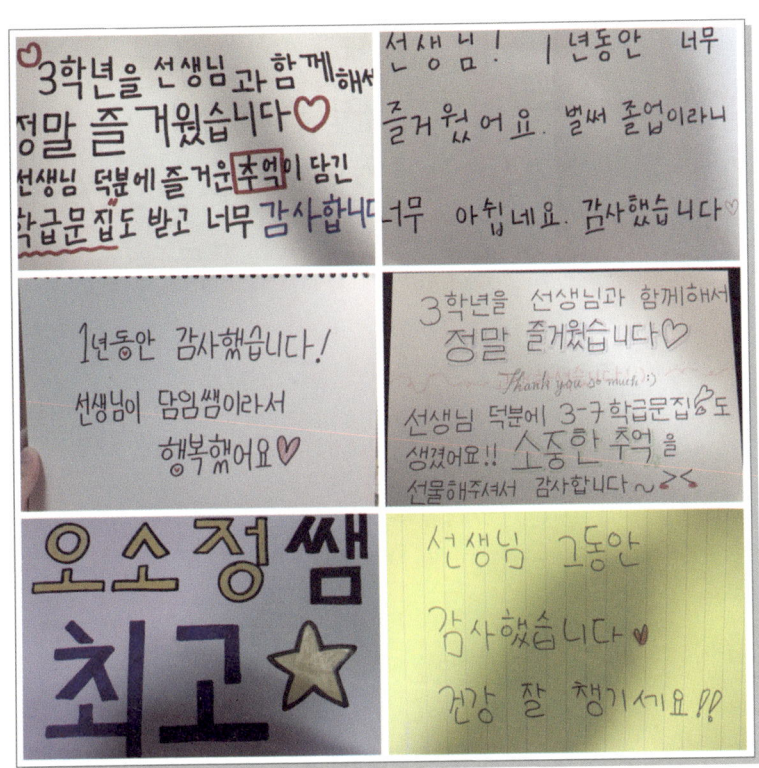

줌을 통한 학생들의 감사 인사 이벤트

있고, 목적사업비 중 글쓰기 관련 예산이 있다면 이를 활용할 수 있습니다. 예산이 없다면 학급문집 제작비 지원 사이트에(북토리 등) 공모하여 문집을 발간할 수 있습니다.

• 학급문집 담당 1인 1역할 정하기

학생들이 주인의식을 지니도록 학급문집 제작과 관련된 1인 1역할을 부여하면 효과적입니다. 그림에 재능 있는 학생, 글쓰기에 관심 있는 학생을 상담을 통해 빠르게 파악하여 섭외하거나 역할에 지원하도록 용기를 북돋아 줍니다. 생활기록부 행동 특성 및 발달 의견에 기재할 것을 안내하여 지원하면 얻을 수 있는 장점을 소개하며 참여율을 높입니다. 다음과 같이 1인 1역할을 구성할 수 있습니다.

▶학급문집 1인 1역할 구성 예시

학급회장	학급문집 기획 및 제작 총괄, 회의 진행
디자이너 1	표지 디자인 및 문집 디자인 총괄
디자이너 2	
콘텐츠 담당자 1	학급문집 콘텐츠 기획 및 참여 독려
콘텐츠 담당자 2	
에디터	학급문집 기획 및 편집 지원
사진사	학급 행사 및 학교 행사 시 학급 사진 촬영

소수의 1인 1역할 담당자를 지정해 놓은 뒤 모든 아이가 참여할 수 있는 방법을 토의하여 참여도를 높인다면 학급문집을 더욱 효과적으로 제작할 수 있습니다.

• 학급문집 회의하기

조회 및 학급회의 시간에 학급문집 제작 회의를 진행합니다. 학급회장이 회의를 진행하고, 교사는 중간중간 질문하며 학생들 참여를 유도합니다. 학급문집 제작 회의의 주제는 구체적인 게 좋습니다. '학급문집에 어떤 내용을 담으면 좋을까?'와 같은 아이디어 회의 시

처음부터 전체 회의를 진행하면 아이디어가 많이 나오지 않을 수도 있습니다. 소집단으로 브레인스토밍을 진행하고 전체 회의를 진행하면 더욱 다양하고 창의적인 아이디어를 얻을 수 있습니다. 학생들이 아이디어 내는 걸 어려워한다면 지난해 제작된 학급 문집을 예시 자료로 보여주거나, 목차만 예시로 제시해줄 수 있습니다. 온라인 수업이라면 줌 소회의실 기능을 활용하거나 '패들렛*'이나 '땡커벨**'과 같은 프로그램을 활용하여 의견을 모을 수 있습니다. 회의에서 나온 아이디어와 교사의 아이디어를 모아 목차를 마련합니다. 회의를 축제처럼 즐길 수 있는 분위기를 마련하고, 회의에서 먹을 간식을 준비하여 마치 학급 행사처럼 진행하면 학생들의 긍정적인 참여를 이끌 수 있습니다.

〈목차 예시〉
1. 1, 2학기 학급 회장의 말
2. 셀프 자기소개하기
3. 미래의 나에게 쓰는 편지
4. 나의 꿈은요, 나의 장점은요.
5. 친구 이름 3행시 짓기
6. 내 이름 3행시 짓기
7. 우리 반을 담은 시 짓기
8. 우리 반, 우리 학교 자랑
9. 각종 심리테스트(MBTI 등)
10. 우리 반에서 가장 ~인 사람은?
11. 2022년 0월 0일 내 생각은 이랬어요.
12. 중학교 3학년을 마치며
13. 학부모 편지
14. 우리 반 솜씨 자랑(재능 기부)
15. 담임 선생님 말씀

---

* https://padlet.com/dashboard
** https://www.tkbell.co.kr/user/main.do?oauth2=ok&currentURL=%2Fuser%2Foauth2%2Foauth2LoginCheckCallback.do

• 자료 수집하기

학급문집 회의를 통해 목차가 만들어졌다면, 콘텐츠 제작을 위해 자료를 수집합니다. 조회 시간을 활용하여 자료를 수집하면 좋습니다. 네이버 폼, 구글 설문지를 활용하여 해당 콘텐츠를 위한 질문을 만들고 링크를 학생들에게 전달하여 설문에 응하도록 합니다. 원격 수업에서는 설문조사를 출석 체크에 반영하는 방법으로 참여율을 높일 수 있습니다. 대면 수업에서는 조회 시간에 컴퓨터실을 빌려 사용하는 방법, 학생들 개인 스마트폰으로 접속하는 방법, 학교에 비치된 학생용 스마트기기를 활용하는 방법 등으로 설문에 참여하게 할 수 있습니다. 자기소개나 이름 삼행시처럼 본인을 표현할 수 있는 설문에서부터 시작하여 점차 다른 친구들과 관련된 설문이나 우리 반과 관련된 설문으로 나아가면 좋습니다. 질문을 통해 평소 학생이 지닌 생각이나 진로에 대한 의견을 물을 수 있습니다. 각종 수업 시간에 진행된 수행평가나 수업 과정 결과물을 각 과목 교사에게 요청하여 우수 작품을 받아서 내용을 좀 더 풍부하게 할 수도 있습니다. '앙케트 설문조사'와 '우리 반 사진첩', '학부모님 편지' 항목이 문집 발간 후 반응이 좋은 편입니다. 앙케트 설문조사는 설문주제를 만드는 과정에서부터 학생들이 참여하면 아이들이 투표 결과를 더 궁금해하고 흥미로워합니다. 1년간 '우리 반 사진사'라는 1인 1역할을 통해 학생들이 직접 사진 촬영 및 제공에 참여하도록 하면 재미있는 사진이 많이 나올 수 있습니다. 학부모 편지는 사춘기 자녀와 부모 사이에 전하지 못한 속마음을 전달하기에 효과적입니다.

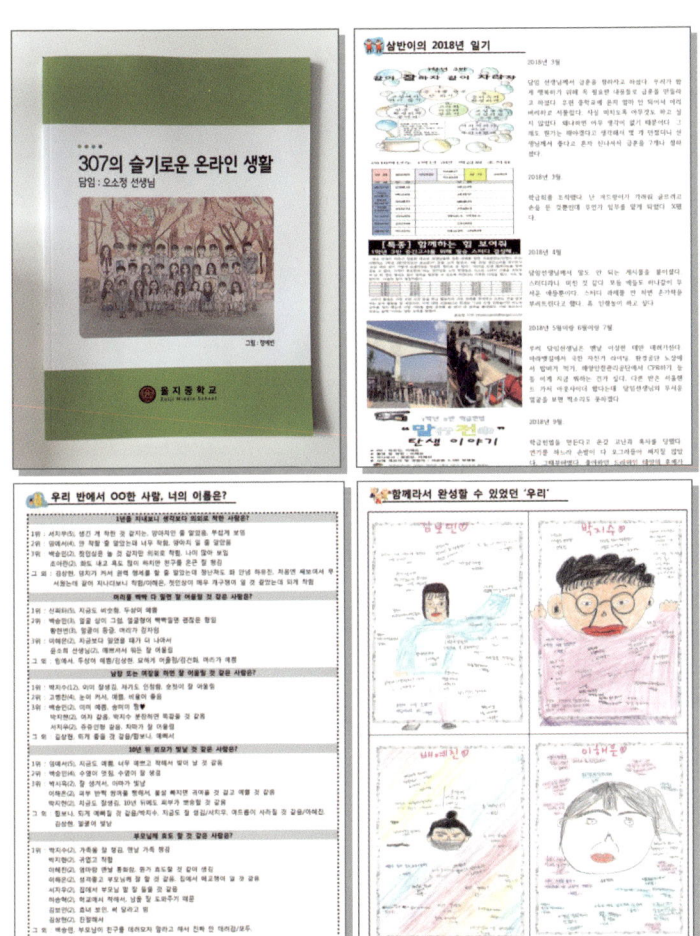

학급문집 예시

• 최종본 한글 파일로 정리하기

　수집한 자료를 모아 한글 파일로 정리합니다. 서면으로 자료를 수집하면 자료를 잃어버릴 수 있고 필체 등에 영향을 받는 단점이 있습

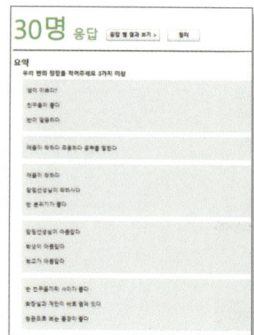  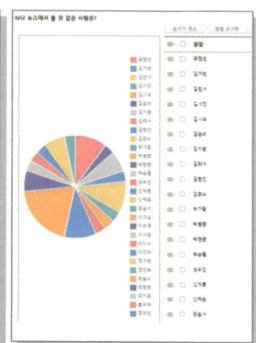

네이버 폼 예시

학생작품 예시

니다. 서면 자료를 다시 한글 파일로 옮겨야 해서 편집에 시간이 많이 소요되기도 합니다. 네이버 폼, 구글 설문지와 같은 온라인 플랫폼으로 수합한 자료는 한글 파일로 정리 및 편집하기에 편리한 장점이 있습니다. 그동안 모은 자료를 한글 파일로 정리하고, 디자인 및 편집 담당자가 파일을 수정하고 표지를 꾸미도록 안내합니다. 미리캔버스, 망고보드 등의 다양한 사이트에서 표지를 꾸밀 수 있습니다. 그림 그리기에 소질 있는 학생이 있다면 직접 손으로 그리고 스캔하여 표지를 만드는 방법도 있습니다.

• 인쇄 및 제작 의뢰

미리 계획한 예산을 활용하여 결재받고, 한글 파일을 PDF 파일로 변환하여 인쇄를 의뢰하면 학급문집 제작이 끝납니다. 인쇄 업체를 정할 때, 학교 교육계획서를 인쇄하는 업체에 학교명을 밝히고 예산에 맞게 제작을 요청하면 대체로 저렴하게 제작 가능합니다. 조금 더 '책' 느낌이 나는 걸 원한다면 전문 제작 사이트를 이용할 수 있습니다. '북토리'라는 업체에서는 원하는 사이즈와 종이 재질과 컬러 및 흑백 면을 선택할 수 있어서 사진이 들어간 부분은 컬러로, 글만 나와 있는 부분은 흑백으로 제작 가능합니다. 표지를 정하지 못했다면 비용을 지불하고 표지 디자인을 맡길 수 있습니다. 학급문집 제작 이벤트를 진행하기도 하니, 잘 살펴보고 이용해보세요.

학급문집 출판 기념 야영 행사

• **출판 기념 행사 및 파티 진행**

학생들의 참여와 1년간 추억이 고스란히 담긴 문집을 그냥 나눠주는 것보다는 출판 기념 행사 및 파티를 통해 의미를 부여하면 좋습니다. 학급문집 제작에 힘써준 회장과 담당자에게 박수도 보내주고, 서로 감사와 격려를 표현하도록 합니다.

나의 다음 행보는?

이제 어떤 학교로? 어떻게 가야 할까?

교사 이후의 행보에는 어떤 것이 있을까?

신규교사에서 경력교사로 나아가며 다음 걸음을 고민하는 교사를 위해 준비했습니다.

▶ **전보내신(국공립학교 기준 정기전보) – 근무지 이동**

- 현임교에서 5년 근무하고 정기전보(전보유예 조건* 충족 시 유예 가능)
- 현임교에서 2년 이상 근무 시 희망 전보 가능(특수한 경우 1년 이상 희망 전보 가능)
- 관내내신과 관외내신(청간이동) 신청 기간이 다르니 공문 확인 필요
- 전보내신 신청 시 배치 순위**(지역이나 해당 연도마다 상이할 수 있으니 전보 계획 공문 참고)
- 근무 경력순으로 점수화하여 배치되는 게 기본
    ① 관내 내신 희망자
    ② 관외(소속 지역교육청 외) 내신 희망자
- 고등학교는 모든 학교가 광역시도교육청 소속이라 관외내신으로 취급
- 중학교→고등학교, 고등학교→중학교 이동도 관외내신(고등학교→중학교 이동 우선).

---

* 근무 성적 '우'이상의 1. 대치 불가능한 교과 담당교사, 2. 연구가 종료되지 않은 연구학교 연구 담당교사, 3. 학교장이 계속 근무를 희망하는 교사, 4. 장애의 정도가 심한 교사
** 2022학년도 중등학교 전보 계획(서울시) 참고.

③ 광역시도 간 교류자*(타시도 전출을 원하는 동교과 교사 쌍방교류), 파견 및 복직교사
④ 신규교사

  ※ 전보내신은 한 번 쓰면 취소 불가이기 때문에 자기 내신순위나 가고 싶은 학교의 티오를 확인하고 신중하게 해야 합니다.

  ※ 학교와 자택의 거리가 먼 경우에는 지역별 전보 기준에 따라 자택 근처 학교로 이동 가능.

▶ 승진

1) 일반 승진: 교사→교감→교장

① 경력평정(70점)
- 기본경력(15년) + 초과 경력(5년)
- 총 20년 근무 경력일 때 만점(20년 이상 근무해야 교감 승진 가능)

② 근무성적평정(100점)
- 근무성적평정(60점) + 다면평가(40점): 근무성적평정은 평정자(교감) 40점 + 확인자(교장) 20점 부여, 다면평가는 정성평가 32점 + 정량평가 8점으로 구성
- 승진을 앞둔 최근 5년 근무 성적 중 3년 평정
- 따라서 승진 시점에서 최소 3년은 교무부장 보직 수행: 1등 '수' 근평**을 받기 위함

  ※ 근무 성적평가는 학교마다 기준이 조금씩 상이함. 일반적으로 교무부장에게 '수'를 부여

③ 연수 성적평정(교육성적평정 27점 + 연구실적 평정 3점, 30점)

---

* 광역시도 간 교류를 원한다면 개인적으로 알아보는 게 가장 빠르고 확실합니다. '타시도 전출 교환 근무 전국 교사망 'Daum카페에 가입하여 원하는 지역의 교류를 원하는 동교과 교사가 있는지 알아보고 함께 서류를 제출해야 합니다.

** 수(95점 이상, 30%), 우(90점 이상 95점 미만, 40%), 미(85점 이상 90점 미만, 20%), 양(85점 미만, 10%), 공무원승진규정 제28조의 6(근무성적평정 및 다면평가 합산점의 분포 비율)

㉮ 교육 성적평정

항	내용	점수	비고
교육 성적	직무연수 성적	1년 1.2점 (월 0.1점)	승진 시점으로부터 최근 10년 동안 60학점 연수 3개를 이수하고, 그중 1개가 95점 이상인 경우 만점
	자격연수 성적	1년 0.6점 (월 0.05점)	1급 정교사 연수 점수 100점을 9점으로 환산 예) 9점-(연수성적 만점-자신의 연수성적)*0.05 ※ 자격연수 성적은 대학원 졸업 후 평균 학점으로도 점수 인정가능(단, 평균 학점이기 때문에 환산 점수가 낮음)

㉯ 연구실적 평정: 연구대회입상실적 및 학위취득 실적으로 평정

항	내용	점수
연구 실적	전국단위 연구대회	1등급(1.5점), 2등급(1.25점), 3등급(1.00점)
	시도단위 연구대회	1등급(1.00점), 2등급(0.75점), 3등급(0.50점)
	공동연구	2인(7할), 3인(5할), 5인(3할)
	학위	석사: 1.5점(직무 관련 학위), 1.0점(그 밖의 학위) 박사: 3점(직무 관련 학위), 1.5점(그 밖의 학위)

㉰ 가산점(공통가산점 3.5점[***] + 선택가산점)

항	내용(상한점)	비고
공통 가산점	교육부지정 연구학교(1점)	4년 6개월 이상 근무 시 만점(월0.018점)
	재외국민교육기관 파견근무(0.5점)	2년 7개월(약 3년) 만점(월0.015점)
	직무연수이수 실적(1점)	연 직무연수 60시간 이상 이수 (연0.08점) * 12.5년
	학교폭력예방 유공 가산점(1점)	1년에 0.1점 부여 * 10년
선택 가산점 (시도 교육청 마다 상이)	보직교사(2점)	약 7년 근무 시 만점(교무부장 3년 이전에 부장 경력 4년 더 필요)
	도시벽지 및 농어촌 근무(2점)	지역별 부여 점수 상이
	연구학교(1.25점)	공통가산점과 중복 인정
	기타 가산점(3점)	지역별, 연도별로 규정 상이 (청소년단체, 영재학급 지도교사 등)

[***] 2022.04.01. 공통가산점 개정으로 최고 5점→3.5점, 연구학교 가산점 1.25점→1점으로 축소

2) 전문직 승진

장학사(시도교육청, 교육지원청 근무), 교육연구사(연수원, 연구원 근무)

- 전문직 시험 합격자로 선발
- 응시 자격: 관내 재직 중인 1급 (정)교사, 교육경력 15년 이상(임기제는 10년 이상), 관내 실 교육경력(정규 교원 근무) 5년 이상
  - ※ 기간제 교사 경력 포함(교육공무원법 제32조에 해당되는 경력)
  - ※ 교육공무원 승진 규정상 교육경력으로 인정되는 휴직·파견 기간은 3년 이내에서 인정
  - ※ 교원으로 임용되기 전 병역법 또는 기타 법률에 의한 의무를 필하기 위해 징집 또는 소집되어 복무한 3년 이내의 기간 포함
  - ※ 교육공무원승진규정 제9조(별표 1)의 '가' 경력 및 동 규정 제11조에서의 교육경력으로 평정하는 기간 포함
  - ※ 상담, 사서, 영양 교사는 응시 불가
- 시험 전형
① 일반 전형: 전문직 시험으로 합격자 선발
② 임기제 전형: 교육청에서 특히 원하는 교육경력 및 전문성을 지닌 인재 선발(시험 치르나 과목 수 적거나 P/F로 평가하기도 함)
③ 지역 전형: 특정 지역(낙후 지역) 근무 전형
- 합격 후 5~7년 근무 후 교감으로 전직 가능
- 지역 및 연도에 따라 상이하므로 해당 연도 전문직 시험 규정 확인 필요

▶ **전문직 시험**(일반전형, 서울시 선발 계획 중심으로)

1. 서류 평정*

1) 지원서 및 추천서

2) 가산점 증빙 자료

---

* 기존 서류 평정 항목이던 연구실적(학위로 대체), 포상 등은 항목에서 삭제되는 추세임. 경기도의 경우 '교육활동유공경력'은 평정 항목에 포함되어 있음.
  - 교육감이상 위촉(0.4), 교육장 위촉(0.2) : 상한점 2점

▶ 공통 가산점

- 보직교사, 학급 담임교사, 기획업무 담당교사 동일 기간 경력 중복점수가 인정되지 않아 1년에 1건만 인정(※ 만점은 흔하지 않음)

항	내용	점수	비고
㉮	보직교사 경력	1년 1.2점 (월 0.1점)	-합계 6점을 초과하지 못함
㉯	학급 담임교사 경력 또는 중·고등학교 기획업무 담당교사 경력	1년 0.6점 (월 0.05점)	-합계 3점을 초과하지 못함 (두 경력 합하여 5년까지만 인정)

▶ 선택 가산점

- 유리한 가산점 하나만 인정
- 대부분 석사 학위 취득

항	분야 및 내용	점수	비고
㉰	연구실적: 박사학위, 석사학위	2점 1점	-석사, 박사학위 중 하나만 인정 -교육공무원(사립의 경우, 정규 교원) 임용 이후 취득 학위만 인정
㉱	서울시교육청, 교육지원청 및 서울시교육청 산하기관 파견 근무 경력 -학생교육원 위촉 교사, 영재교육원(협력학교) 운영 전담 교사 경력 가능	월 0.03점	-합계 1.8점을 초과하지 못함 -서울시교육청 산하기관에 청소년상담센터, 발명교실('97.3.1 이후), 학생봉사활동정보안내센터 포함
㉲	특수학교 교사(자격)가 해당 분야에 응시하는 경우 -서울시교육청, 교육지원청의 특수교육지원센터 경력	월 0.03점	-합계 1.8점을 초과하지 못함 -2008.3.1.이후 근무경력만 인정

2. 실제 시험

1) 1차 시험(총 80점): 일반전형

- 선발정원 2배수 선발
- 임기제 전형은 '서울교육정책논술(30점)', '교육활동실적'(30점)으로 평가

항	분야 및 내용	점수	비고
㉢	연구실적: 박사학위, 석사학위	2점 1점	-석사, 박사학위 중 하나만 인정 -교육공무원(사립의 경우, 정규 교원) 임용 이후 취득 학위만 인정
㉣	서울시교육청, 교육지원청 및 서울시교육청 산하기관 파견 근무 경력 -학생교육원 위촉 교사, 영재교육원(협력학교) 운영 전담 교사 경력 가능	월 0.03점	-합계 1.8점을 초과하지 못함 -서울시교육청 산하기관에 청소년상담센터, 발명교실('97.3.1 이후), 학생봉사활동정보안내센터 포함
㉤	특수학교 교사(자격)가 해당 분야에 응시하는 경우 -서울시교육청, 교육지원청의 특수교육지원센터 경력	월 0.03점	-합계 1.8점을 초과하지 못함 -2008.3.1.이후 근무경력만 인정

2) 2차 시험(총 100점): 1차 전형에 합격한 자만 응시 가능

구분		세부 내용	배점
현장근무 실태평가	평가 방법	동료 교직원 대상 온라인 설문 평가, 유선평가, 현장방문평가	50
	평가 내용	수업개선·평가개선 지원 능력, 교과 및 생활지도 능력, 업무수행 능력, 사명의식, 교직원간의 신망도, 인성, 건강, 근무 태도 등	
심층면접	평가 방법	개인심층면접(30점), 집단토의(20점)	50
	평가 내용	-(개인심층면접) 서울교육정책에 대한 문제해결능력, 위기관리능력, 교육전문직원으로서의 품성과 자질 등 -(집단토의) 사고력, 발표력, 협업능력, 공헌도, 경청능력 등	

에필로그

네버엔딩 교사생활

다정한 위로가 될 수 있다면

　나만 왜 이럴까? 신규교사 때 많이 들었던 의문입니다. 수업 시간에도 우리 반만 소란스러운 것 같고, 혼자만 좌충우돌 고군분투하는 것 같아서 자괴감에 빠지기도 했습니다. 행정 업무, 수업, 생활지도 등 어느 것 하나 제대로 해내지 못하는 자신이 부끄럽기도 했습니다. 그러던 어느 날, 저의 멘토교사께서 본인의 신규교사 시절의 어려움과 실수에 대하여 이야기해주셨습니다. 비로소 '나만 그런 것이 아니었구나.'라는 생각이 들며 큰 위로를 받았습니다. 능숙해 보이는 동료 교사들도 처음부터 잘해온 게 아니라, 실수하고 실패하면서 자기만의 노하우를 쌓고, 주변의 도움을 받으며 성장한 것입니다.

　신규교사로서 상처 받고 위축되는 일도 많았고 자신감을 잃기도 했습니다. 그래서 꼭 저와 같이 고민하는 신규교사들께 위로와 희망을 드리고 싶습니다. 이 책을 펴보는 순간, '나와 같은 고민을 한 사람이 또 있구나!'라는 안심과 위로를 받을 수 있었으면 좋겠습니다. 신규교사 때 걱정하고 고민되던 부분에 대하여 이제는 선배 교사의 한 사람으로서 조언과 경험담을 다양하게 실었습니다. 학교 실무와 신규교사의 눈높이에 맞는 질문과 답변을 통해 어디에 물어보지 못하여 답답하던 마음을 풀고, 여유를 갖고 좀 더 당당하고 자신감 있게 학교생활을 할 수 있도록 돕고 싶습니다.

_교사 오소정

친절한 멘토가 될 수 있다면

이 책이 더 치열하고 섬세하게 교직 생활의 시작을 준비하는 계기가 되었으면 좋겠습니다. 준비 없이 시작하는 것은 뻔한 실패와 좌절을 준비하는 것과 같습니다. 하지만 너무 겁먹고, 긴장하지 않으셔도 됩니다. 선생님들은 천천히. 차분하게. 순서대로 헤쳐 나가실 수 있습니다. 주변을 살펴보면, 내공이 강한 든든한 동료 선배 교사들이 있을 겁니다. 그리고 이 책의 도움을 받아 나아가면 금세 성장한 모습을 확인할 수 있을 거예요.

책장 서랍 속에서 언제든 찾아보고, 도움을 얻을 수 있는 선생님의 친절한 멘토가 되었으면 하는 바람입니다. 직접 경험한 내용과 후배교사들과의 대화를 통해 확인한 어려움, 이에 대한 해결방법을 아낌없이 담았습니다(내용 중 일부는 지역과 환경, 그리고 학교마다 조금씩 다를 수도 있습니다). 이 책이 선생님들에게 좋은 방향을 안내해주는 출발점이 되길 바랍니다.

_교사 김연수

날갯짓을 돕는 바람을 불어 넣을 수 있다면

　고대하던 첫 학교에 발령 받았을 때 교사는 수업만 잘하면 된다고 생각했지요. 하지만 교사는 '수업'만 하면 되는 일이 아니었습니다. 수업 연구나 준비보다 업무를 익히는 데 노력을 많이 쏟아야 했고 공문을 처리하느라 수업은 뒷전이 되기도 하는 현실에 회의를 느끼기도 했습니다. 더욱 저를 힘들게 했던 건 '물어볼 사람'이 없다는 것이었습니다. 업무 전임자도 없고 인수인계 자료나 작년 공문은 신규인 저에게는 모르는 말투성이라 읽기도 어려웠습니다. 주변 선생님 모두 각자 업무로 바빠 보여 물어보기 어려웠으니까요. 담당 업무가 아니면 잘 모르는 분도 많고, 여쭤보면 괜히 폐를 끼치는 것 같았습니다. 알아서 똑똑하게 일을 처리하고 싶은 욕심에 울며 겨자 먹기로, 어떻게든 해보고자 전전긍긍했습니다.

　저는 이제 제법 여유 있게 일을 처리하고, 가장 열심히 하고 싶던 수업 연구나 수업 준비를 열정적으로 할 수 있는 경력교사가 되었습니다. 돌아보니 '그때 내가 이런 노하우를 조금이라도 알고 있었으면 참 좋았을 텐데'라는 생각이 듭니다. 경험하며 일을 배우고 성장하는 거지만, 노하우가 있었다면 신규교사로 열정과 꿈을 마음껏 펼치며 학교생활을 좀 더 즐길 수 있지 않았나 싶습니다. 매해 신규 선생님들이 반짝반짝 눈을 빛내며 학교에 들어오십니다. 신규교사의 날

갯짓이 즐겁도록, 옆에서 바람을 불어 넣어주고 싶습니다. 가끔 모진 현실에 주저앉고 싶을 때는 따뜻한 온기로 감싸 안아 보드라운 털을 쓰다듬어주는 역할을 하고 싶습니다. 저의 마음을 온전히 담은 이 책이 그 역할을 충실히 해주길 바랍니다.

_교사 윤효성